burda

Festliche Küche

Über 200 Rezepte für große und kleine Festessen

W0023213

Pawlak

Lizenzausgabe 1989 für
Manfred Pawlak Verlagsgesellschaft mbH, Herrsching
© 1973 Verlag Aenne Burda, 7600 Offenburg
Alle Rechte vorbehalten
Rezepte: burda-Kochstudio
Fotos: burda-Fotostudio
Umschlaggestaltung: Bine Cordes, Weyarn
Umschlagfoto: Studio Fischer, München
Printed in Italy
by Arti Grafiche VINCENZO BONA s.p.a.
ISBN: 3-88199-489-0

Inhalt

Vorwort

Die Familie, Freunde oder lieben Besuch mit einem guten Essen zu verwöhnen, macht einer Hausfrau immer Spaß. Vor allem dann, wenn es sich um einen besonderen Anlaß handelt, dessen Höhepunkt ein festliches Essen ist. Kochen kann schließlich (fast) jede, aber ein Festmenü zusammenstellen, braucht schon etwas Übung.

Damit Ihnen, liebe Hausfrau, die Zusammenstellung Ihres nächsten Festmenüs leichter gemacht wird, haben wir für Sie mehr als 50 Menüs ausgewählt, die für festliche Anlässe geeignet sind. Ob in Ihrer Familie eine Verlobung gefeiert wird oder ein Essen für Kommunion oder Konfirmation geplant werden muß, ob Sie zu Weihnachten mit etwas Besonderem die Festtagsstimmung heben wollen oder in Ihrer Familie einen 50. Geburtstag begehen, ob Sie „nur mal so" festlich speisen oder ein kleines intimes Essen zu zweit arrangieren wollen ...
... in diesem Buch finden Sie für jede Gelegenheit das entsprechende Menü. Und damit junge Hausfrauen nicht gleich den Mut verlieren: Wir haben auch leichte Menüs ausgesucht, die einfach zu kochen, aber deshalb nicht weniger festlich sind. Übrigens: Sie können die Menüs selbstverständlich nach Belieben variieren, indem Sie die Gerichte untereinander austauschen.

Jedes Rezept ist – falls nicht anders angegeben – für 4 Personen berechnet.

Denn das Auge ißt mit ...

... heißt es zu Recht. Und deshalb gehört auch zu jedem festlichen Menü ein besonders hübsch gedeckter Tisch. Ob Sie das kostbare alte, von Großmutter geerbte Porzellan und die silbernen Leuchter aus dem Schrank holen, oder das Service für alle Tage aufdecken ist eigentlich egal. Schließlich kommt es nicht darauf an, wie teuer das Geschirr ist, sondern was Sie daraus machen. Dazu gehört das farbliche Abstimmen von Tischdecke, Servietten und Blumenschmuck. Die richtige Placierung der Gedecke, Gläser, Schüsseln, Platten, Kerzenleuchter und Blumenvasen oder -schalen. (Hierzu einige Bildbeispiele auf den Seiten 125, 129, 132, 133).
Wichtig ist vor allem, daß sich Ihr Gast während des Essens nicht beengt fühlt, daß die Gedecke weit genug auseinander aufgelegt sind, daß der Blumenschmuck nicht zu üppig ist, durch „die Blume sprechen“ wirkt störend, die Servietten nicht zu pompös gefaltet sind, die Leuchter nicht im Weg stehen. Als kleine Wegweiser und liebenswürdige Geste werden Tischkarten mit den Namen der Gäste und Familienmitglieder empfunden. Dadurch wird auch gleich die Tischordnung bestimmt.

Etwas über die Speisenfolge eines festlichen Menüs

Bevor sich Gäste und Gastgeber zum Essen niedersetzen, nehmen sie einen Aperitif – meist im Stehen – ein. Der Aperitif (Sherry, Portwein, Madeira, Vermouth) wird als Appetitanreger gereicht. Er soll Gaumen und Magen auf kommende Genüsse vorbereiten.

Danach sieht die Speisenfolge eines Menüs so aus:

1. u. 2. Gang: Kalte Vorspeise
Suppe
oder
Suppe
Warme Vorspeise

3. Gang: Fisch

4. Gang: Fleisch (Schlachtfleisch, Geflügel oder Wild)

5. Gang: Süßspeise (warm kommt vor kalt)
(wahlweise) Eis, Käse, Früchte

Selbstverständlich kann statt Fisch auch nur Fleisch oder umgekehrt serviert werden.
Zum Abschluß des Essens wird Mokka gereicht.

Was wäre ein festliches Essen ohne passende Getränke?

In jedem Fall nur der halbe Genuß. Denn ein spritziger Wein, ein gut gezapftes Bier geben einem feinen oder rustikalen Gericht erst den richtigen Schliff. Dabei sollte man beachten, daß die Getränke immer auf die Gerichte abgestimmt sind und dadurch ihren Geschmack unterstreichen, ohne jedoch den eigenen zu verlieren.
Ein kleiner Leitfaden soll Ihnen sagen, wie man's beim Essen mit dem Trinken hält.
Als Grundregel bei Wein gilt:
Weißwein zu allem hellen Fleisch – Kalbfleisch, Geflügel, Fisch
Rotwein zu allem dunklen Fleisch – Rind, Hammel, Wild

Und diese Getränke kann man zu den einzelnen Gängen einer Fest-Menü-Folge servieren:

Vorspeisen: Zu Pasteten paßt Sherry, Portwein oder Madeira, zu Kaviar und Krustentieren trockener Sekt, Pfälzer- oder Rheinhessen-Wein.

Suppen: Zu Rahmsuppen serviert man Weißwein, zu Kraftbrühen und exotischen Suppen Sherry, Madeira oder Portwein.

Fisch: Zu Süßwasserfischen (wie Forelle, Schleie und ähnliches) reicht man einen spritzigen Mosel, einen Ruwer oder Wein aus dem Rheingau;
zu Salzwasserfischen (wie Lachs, Seezunge und Steinbutt) und auch zu Karpfen wählt man rassige Weine von der Nahe, aus Rheinhessen und der Rheinpfalz.
Zu gebratenem Fisch schmecken schwere Weine aus Rheinhessen, Württemberg, Franken, dem Rheingau oder der Rheinpfalz am besten.

Fleisch: Zu dunklem Fleisch trinkt man leichten Rotwein wie Bordeaux;
zu hellem Fleisch blumige Weißweine von Mosel, Saar, Nahe, aus dem Rheingau oder der Pfalz.

	Ein gehaltvoller Burgunder, ein schwerer würziger deutscher Rotwein aus dem Rheingau oder ein badischer Spätburgunder krönen ein Festmahl, wenn als Hauptgericht Reh-, Hirsch- oder Wildgeflügelbraten aufgetragen wird.
Süßspeisen, warm:	Tokajer, Sauternes (weißer Bordeaux)
Süßspeisen, kalt:	süßen Schaumwein
Käse:	Wein (bevorzugt Rotwein) oder helles Bier

Wird als Abschluß ein Mokka serviert, dann gibt's dazu Edelbranntweine und Edelliköre.

Eine weitere Wein-Regel beim festlichen Menü lautet:
Weine sollten sich von Gang zu Gang in Geschmack und Qualität steigern.

Serviertemperaturen von Wein und Sekt

Weißwein etwa 12 Grad Celsius (Kellertemperatur)

Silvaner Riesling Traminer Ruländer	12–14° C
Sekt Champagner	5–7° C

Rotweine etwa 18 Grad Celsius (Zimmertemperatur)

Beaujolais	12–14° C
Weißherbst	15–16° C
Französischer Burgunder	16–18° C
Schwarzriesling Spätburgunder Bordeaux	18–20° C

Ein Spezialthermometer für die Weintemperatur hilft Ihnen, Wein richtig zu temperieren.

Kalorien/Joule auf einen Blick

Brot und Fett	**Kalorien**	**= Joule**
1 Scheibe Toast (30 g)	84	351
1 Scheibe Mischbrot (45 g)	113	472
1 Teelöffel Butter (5 g)	40	167
1 Teelöffel Margarine (5 g)	38	159
1 Eßlöffel Öl (15 g)	92	385
1 Eßlöffel (15 g) Mayonnaise (80 %)	122	510
1 Eßlöffel (15 g) Salatmayonnaise (50 %)	75	314

Käse und Ei		
125 g Sahnequark	207	866
60 g Doppelrahmfrischkäse	215	900
1 Ecke Camembert 45 % (30 g)	90	377
1 Scheibe Emmentaler 45 % (30 g)	125	523
1 Scheibe Gouda 45 % (30 g)	120	502
1 Ei	84	351
1 Eigelb	68	285
1 Eiweiß	16	67

Fleisch und Wurst		
50 g Roastbeef (2 dünne Scheiben)	65	272
50 g Kalbsbraten (1 Scheibe)	51	213
50 g Schweinebraten (1 Scheibe)	79	331
100 g gekochtes Hähnchen	107	447
100 g gebratenes Hähnchen	206	862
1 Scheibe Corned Beef (30 g)	50	209
30 g gekochter Schinken (1 dünne Scheibe)	85	356
30 g roher Schinken (1 dünne Scheibe)	120	502
50 g magere Kalbsleberwurst	135	565
50 g Mortadella	180	753

Fisch und Meeresfrüchte		
2 Sardellenfilets (Anchovis)	7	29,3
1 Dose Ölsardinen (125 g)	296	1238
100 g gekochter Fisch	90	377
30 g echter Räucherlachs	54	226
1 Dose Thunfisch in Öl (220 g)	668	2795
50 g geräucherter Aal	120	502

50 g Krabben oder Shrimps	42	176
50 g Muscheln	35	146
30 g Kaviar	32	134
30 g echter Kaviar	90	377
30 g Dorsch	32	134

Reis, Nudeln und Kartoffeln

1 Tasse gekochter Reis (30 g, roh)	110	460
1 Tasse gekochte Nudeln (30 g, roh)	111	464
1 Tasse gekochte Kartoffelscheiben (125 g, roh)	105	439

Gemüse

Artischocken (100 g)	60	251
Bohnen, grün (100 g)	33	138
Champignons, frische (100 g)	24	100
Champignons, Dose (100 g)	25	105
Erbsen, frische (100 g)	93	389
Pfifferlinge, frische (100 g)	23	96,2
Pfifferlinge, Dose (100 g)	34	142
Spargel (100 g)	20	83,7

Früchte und Eis

1 Avokado (200 g)	400	1647
Ananas (100 g)	57	238
1 Banane (100 g)	90	377
1 Birne (125 g)	70	293
Brombeeren (100 g)	48	201
Erdbeeren (100 g)	39	163
Himbeeren (100 g)	40	167
1 Pfirsich (125 g)	55	230
1 Wassermelone (500 g)	120	502
Milchspeiseeis (100 g)	128	536
Fruchteis (100 g)	138	577

Getränke

Weißwein (1/4 l)	154	644
Rotwein (1/4 l)	172	720
Sekt (0,1 l)	85	356
Likör (2 cl) ca.	80	335
Weinbrand (4 cl)	95	367
Whisky (4 cl)	100	418

Verzeichnis der Menüs

Spritziger Weißwein
oder Tee

Kirsch-Fizz
Neuenburger Käsefondue
Orangen-Wein-Gelee

Kirsch-Fizz

Pro Drink 1 Teil Kirschlikör und 1 Teil Kirschwasser mit einem Eiswürfel in ein Glas geben, mit Sodawasser auffüllen und mit etwas Zitronenschale garnieren.

Neuenburger Käsefondue

400 g Greyerzer Käse
200 g Emmentaler Käse
2 gestrichene Eßlöffel Speisestärke
1/4 l spritziger Weißwein
1 Knoblauchzehe,
Pfeffer Muskat
3 Likörgläser Kirschwasser
Pariser Brot (etwa 1 Tag alt)

Käse reiben, mit Speisestärke mischen, in die Fondue-Pfanne geben. Weißwein hinzurühren und alles unter ständigem Rühren erhitzen. Knoblauch durch die Knoblauchpresse drücken, mit dem Kirschwasser zugeben, mit Pfeffer und Muskat abschmecken. Fondue auf Rechaud bei kleiner Flamme siedend halten. Brot in mundgerechte Würfel schneiden und dazu servieren.

Orangen-Wein-Gelee

5 bis 6 saftige Orangen
9 Blatt helle Gelatine
3/8 l Weißwein
100 g Zucker
1/2 Glas Maraschinokirschen

Orangen dick abschälen – bis auf das saftige Fruchtfleisch. In feine Scheiben schneiden und Kerne entfernen. Gelatine 10 Minuten in kaltes Wasser legen. Etwas Wein und den Zucker bis kurz vor dem Aufkochen erhitzen, die ausgedrückte Gelatine darin auflösen. Maraschinosirup und übrigen Wein dazugießen. Orangenscheiben mit den Kirschen in eine Glasschale schichten und das Weingelee darübergießen. Fest werden lassen und nach Wunsch mit etwas Schlagsahne servieren.

MENÜ

Spritziger Weißwein	*Salade du Chef (1)* *Lachs in Mandelbutter (2)* *Krokantcreme (3)*

Salade du Chef

2 hartgekochte Eier
1/2 Honigmelone
2 Möhren, 2 Tomaten
1 Paprikaschote, 1 Grapefruit, 75 g Schinken
1/2 Dose Spargel
Salatblätter, 50 g Roquefort
3 Eßl. Öl, 3 Eßl. Essig
Salz, Pfeffer
Zwiebelpulver

Eier achteln. Honigmelone, Möhren, Tomaten, Paprikaschote, Grapefruit, Schinken und Spargel in Streifen schneiden. Auf Salatblättern anrichten. – Für die Soße: Roquefort, Öl, Essig, Salz, Pfeffer und Zwiebelpulver mischen. Über den Salat geben.

Lachs in Mandelbutter

4 Scheiben frischer Lachs (à ca. 150–200 g)
Salz, Pfeffer
Saft 1 Zitrone
2 Eßlöffel Öl
Instant-Mehl
3 Eßlöffel Butter
25 g gehobelte Mandeln
1 Zitrone, Petersilie

Lachsscheiben waschen, trockentupfen. Mit Salz und Pfeffer bestreuen, mit Zitronensaft beträufeln. 10 Minuten stehen lassen. Öl in einer Pfanne erhitzen. Lachsscheiben in Mehl wenden und in dem heißen Öl bei mittlerer Hitze auf jeder Seite etwa 4 Minuten braten. Butter in die Pfanne geben und die Lachsscheiben kurz weiterbraten. Fisch herausnehmen, warm halten. Gehobelte Mandeln im Bratfett goldbraun rösten. Mandeln über den Fisch geben. Fisch mit Zitronenscheiben und Petersilie garnieren. Salzkartoffeln in Dill dazu reichen.

Krokantcreme

1 Eßlöffel Butter und
1 Eßlöffel Zucker
50 g gehackte Haselnüsse
1 Päckchen Dessertschaum
1 Likörglas Weinbrand

Butter und Zucker zerlassen, Haselnüsse zugeben, zu Krokant schmelzen. Auf geöltem Teller abkühlen lassen. Danach grob hacken. Dessertschaum nach Vorschrift bereiten, Weinbrand unterrühren, mit dem Krokant in Gläser füllen.

2

3

1

Spritziger Weißwein	*Kalte Gemüserahmsuppe* *Aal in Gelee* *Kalbfleisch in Thunfischsoße* *Dänische Rote Grütze* *mit flüssiger Sahne*

Kalte Gemüserahmsuppe (Vichyssoise)

4 große Stangen Porree
2 Zwiebeln, 100 g Butter
4 mittelgroße Kartoffeln
1 l kräftige Hühnerbrühe
3/4 l Sahne
Salz, Pfeffer, Schnittlauch

Den weißen Teil der Porreestangen putzen, waschen und ebenso wie die geschälten Zwiebeln in feine Streifen schneiden. In einem hohen Topf Butter zerlassen. Porree und Zwiebeln darin weichdünsten, ohne daß die Farbe sich ändert. Kartoffeln schälen, in Scheiben schneiden, in den Topf geben und die Hühnerbrühe zugießen. Etwa 30 Minuten kochen, bis die Kartoffeln weich sind. Suppe durch ein feines Sieb streichen und in den Topf zurück geben. 1/2 l Sahne zugießen, einmal aufkochen, mit Salz und Pfeffer abschmecken und kalt stellen. Restliche Sahne halb steif schlagen, unter die Suppe ziehen. Schnittlauch hacken, darübergeben.

Aal in Gelee

1 Aal ca. 1 kg (vom Fischhändler bereits getötet, abgezogen und ausgenommen)
1/4 l herber Weißwein
1/4 l kräftige Fleischbrühe
1 Zwiebel
1 Lorbeerblatt, 2 Nelken
5 weiße Pfefferkörner
1/2 Teelöffel Salbei
1/2 Teelöffel Dill
6 Eßlöffel Weinessig
8 Blatt helle Gelatine

Aal waschen, der Rückenlinie entlang in 2 lange Filets schneiden und dabei die Gräten entfernen. Filets in 4–5 cm lange Stücke teilen. Wein und Fleischbrühe in 1 1/2 l Topf zum Kochen bringen. Inzwischen Zwiebel schälen, in Scheiben schneiden und zusammen mit Gräten, Gewürzen und Essig in die Brühe geben. 5 Minuten bei geringer Hitze kochen, danach durchseihen. Aalstücke in der siedend heißen Brühe etwa 10 Minuten ziehen, nicht kochen lassen. Abkühlen, mit Sieblöffel vorsichtig herausnehmen, abtropfen lassen und auf einer Platte anrichten. Mit Krebsschwänzen, Spargelspitzen, Ei- oder Trüffelscheiben garnieren. Die erkaltete Fischbrühe nochmals durchseihen, entfetten und erhitzen. Gelatine in kaltem Wasser einweichen, ausdrücken und in der heißen Brühe auflösen. Sollte sie etwas trüb sein, aufkochen und ein zu Schnee geschlagenes Eiweiß beifügen. Nochmals aufkochen, vom Feuer nehmen und nach dem Erkalten durch ein sauberes Tuch passieren. Das heiße Gelee mit Salz abschmecken, abkühlen lassen. Den Aal damit übergießen, kühl stellen und fest werden lassen.

Kalbfleisch in Thunfischsoße

Zwiebel schälen und fein hacken. Zitronen schälen, entkernen und würfeln. Knoblauchzehen schälen und würfeln. In einem schmalen Topf (Inhalt etwa 3 l) Öl erhitzen, Fleisch hineinlegen, etwa 1 Minute darin schwenken, bis es die rote Farbe verliert, dann sofort herausheben. Zwiebeln in den Topf geben, glasig dünsten und dann folgende Zutaten hinzufügen: Zitronen, Knoblauch, Thunfisch und Sardellen mit Öl, Thymian, Lorbeerblatt, Pfeffer, Weißwein und Brühe. Umrühren, Fleisch hineinlegen und zugedeckt 1 1/2 Stunden dünsten. Fleisch herausheben und in Scheiben schneiden. Thunfischsoße: Lorbeerblatt herausnehmen, Soße im Mixer pürieren. Eigelb mit Salz verquirlen, Öl tropfenweise dazurühren. Thunfischsoße löffelweise darunterschlagen. Mit Zitronensaft abschmecken, über die Fleischscheiben geben. Mit Kapern bestreuen.

1 kg entsehnte Kalbsnuß
3 große Zwiebeln
3 Zitronen
2 Knoblauchzehen
6 Eßlöffel Olivenöl
2 Dosen Thunfisch in Öl
1 kleine Dose Sardellenfilets
1 Zweig Thymian
1 Lorbeerblatt
schwarzer Pfeffer
3/8 l herber Weißwein
1/2 l Fleischbrühe
2 Eigelb, etwas Salz
1/8 l Olivenöl
Saft 1/2 Zitrone, Kapern

Dänische Rote Grütze mit flüssiger Sahne

Himbeeren und Johannisbeeren waschen und in 3/8 l Wasser 3 Minuten kochen. Dann durch ein Haarsieb passieren und so viel Wasser dazugießen, bis es 3/4 l sind. Zucker dazugeben und Saft aufkochen. Speisestärke mit etwas kaltem Wasser verquirlen, zum Saft rühren und die Rote Grütze kurz durchkochen. In eine kalt ausgespülte Schüssel füllen und kalt werden lassen. Mit flüssiger, süßer Sahne servieren.

250 g Himbeeren
250 g rote Johannisbeeren
3/8 l Wasser
150 g Zucker
1/4 l süße Sahne

Bier	*Krabbensuppe (1)* *Pikante Hawaii-Steaks (1)* *Trauben-Quark (2)*

Krabbensuppe

1 große Dose (1/1)
Krabben-, Hummer- oder Shrimp-Suppe
2 Eßlöffel guter Weinbrand oder trockener Sherry
2 Eßlöffel süße Sahne
etwas gehackter Dill

Krabben-, Hummer- oder Shrimp-Suppe nach Vorschrift auf dem Etikett erhitzen, aber nicht kochen lassen. Mit Weinbrand oder trockenem Sherry und Sahne pikant abschmecken. Anrichten und mit etwas gehacktem Dill bestreuen.

Pikante Hawaii-Steaks

4 Kalbssteaks à 100 g
Salz, Pfeffer, Mehl
2 Eßlöffel Öl
2 Tomaten
4 Käsescheiben
4 Ananasscheiben
1 Teelöffel Edelsüß-Paprika
2 Teelöffel Senffrüchte oder kandierte Orangenscheiben

Steaks salzen, pfeffern, in Mehl wenden. Steaks in heißem Öl auf jeder Seite 3 Minuten braten. Tomaten halbieren, pfeffern, in Mehl wenden und auch braten. Steaks mit Käse- und Ananasscheiben belegen. Bei geschlossener Pfanne Käse schmelzen lassen. Mit Paprika bestäuben und mit Tomaten und Senffrüchten oder kandierten Orangen belegen. Reis zubereiten. Steaks auf Reis anrichten. Mit Currysoße reichen.

Trauben-Quark

250 g Sahne-Quark
1/8 l Milch
Saft von 1/2 Zitrone
2 Eßlöffel Zucker
1 Likörglas Maraschino
250 g blaue und grüne Weintrauben

Sahne-Quark mit Milch cremig rühren. Zitronensaft, Zucker und Maraschino miteinander verquirlen und unter den Quark mischen. Weintrauben waschen, abtropfen lassen und entstielen. Trauben halbieren, entkernen und auch daruntermischen.

Chianti	*Melonen mit Portwein* *Grüner Nudelauflauf* *Kaffee „Grand Marnier"*

Melonen mit Portwein

Zutaten für 8 Portionen
4 Melonen
Portwein oder Sherry
etwas Zucker

Melonen im Kühlschrank (nicht Gefrierschrank) mindestens 2 Stunden gut durchkühlen lassen. Danach halbieren, entkernen und mit 1 Schuß Portwein oder Sherry gefüllt servieren. Eventuell noch etwas Zucker dazu reichen.

Grüner Nudelauflauf

Zutaten für 8 Portionen
3 l Salzwasser
500 g grüne Nudelteigplatten
100 g roher Schinken
3 Zwiebeln
2 Knoblauchzehen
2 Möhren, 1 Fenchelknolle
50 g Butter
125 g Geflügelleber
375 g gemischtes Hackfleisch
1/2 Teelöffel Oregano
Salz, schwarzer Pfeffer
2 Eßlöffel Tomatenmark
1 Weinglas herber Weißwein
1 Tasse Fleischbrühe
75 g Butter
1 gehäufter Eßlöffel Mehl
1/4 l Milch, 1/4 l süße Sahne
Salz, Pfeffer, Muskat
200 g frisch geriebener Parmesan, 50 g Butter

In einen hohen Topf Salzwasser füllen und zum Kochen bringen. Nudelteigplatten in die kochende Flüssigkeit geben und kochen lassen, bis sie weich sind. Danach in eine Siebschüssel schütten, mit kaltem Wasser überbrausen und auf einem Tuch abtropfen lassen. Schinken in Würfel schneiden, Zwiebeln und Koblauch schälen, fein hacken, Möhren und Fenchel putzen, waschen und in kleine Würfel schneiden. Inzwischen in einem flachen Topf Butter erhitzen, Schinkenwürfel dazugeben und zusammen mit Zwiebeln, Knoblauch, Möhren und Fenchel 5 Minuten darin dünsten. Leber in Würfel schneiden und mit dem Hackfleisch und Gewürzen dazugeben und 3 Minuten anbraten und dabei das Fleisch mit einer Gabel zerteilen. Tomatenmark, Weißwein und Fleischbrühe zugießen und etwas durchkochen lassen. In einer flachen Pfanne Butter erhitzen, Mehl hineinschütten und hell anschwitzen. Nach und nach Milch und Sahne zugießen und ständig glatt rühren. Gewürze einstreuen und bei mittlerer Hitze etwa 5 Minuten kochen. In eine feuerfeste Form Fleischfüllung, helle Soße und Nudelteigplatten schichten und zuletzt mit heller Soße abschließen. Parmesan darüberstreuen und mit Butterflöckchen belegen. Bei 175 Grad Oberhitze etwa 35 Minuten überbacken. Dazu schmeckt grüner Salat gut.

Kaffee „Grand Marnier"

Die Mokkatassen zu 3/4 mit starkem Kaffee füllen, je 2 Würfel Zucker zugeben und mit brennendem Grand Marnier flambieren. Hierfür pro Tasse in einen Silber-Soßenlöffel 1 Likörglas Grand Marnier gießen, über offener Kerzenflamme oder Spiritusflamme erhitzen und entzünden. Brennend in jede Tasse gießen.

Zutaten für 8 Portionen
50 g gemahlener Kaffee
1/2 l Wasser
16 Stück Würfelzucker
8 Likörgläser
Grand Marnier

MENÜ

Spritziger Weißwein	*Krabbensalat*
Gehaltvoller Rotwein	*Gebratene Ente mit*
	Rotkohl und Kartoffelpüree
	Käseplatte

Krabbensalat

Krabben mit Gurken- und Paprikastreifen mischen. Mit Pfeffer und Zitronensaft marinieren. Mayonnaise darunterheben. Durchziehen lassen.

1 Dose Krabben
2 Essiggurken
1 Paprikaschote, 5 Eßl.
Mayonnaise, Pfeffer
Zitronensaft

Gebratene Ente

1 Ente, Salz, Pfeffer
2 Eßlöffel Öl, 2 Zwiebeln
2 Karotten
1 Dose Tomatenmark
2 Würfel Bratensaft, 2 Äpfel
2 Teelöffel Rosinen
1 Teelöffel Stärkemehl

Vorbereitete Ente vierteln, würzen, in Öl mit Gemüsewürfeln anbraten. Tomatenmark, Bratensaft und Wasser zugeben, zugedeckt ca. 50 Minuten schmoren. Beim Apfel das Kerngehäuse ausstechen. Apfel mit Rosinen füllen, Schale einritzen, mitgaren. Soße mit angerührtem Stärkemehl binden. Dazu Kartoffelpüree.

Rotkohl

1 Dose Rotkraut, 1 Zwiebel
2 Eßlöffel Öl
2 Gläser Rotwein, Salz
2 Eßlöffel Fruchtmarmelade

Zwiebelscheiben in Öl anschwitzen, Rotkraut und Wein zugeben, würzen. Etwas Wasser zufügen, ca. 30 Minuten dünsten. Marmelade unterrühren und mit Essig säuerlich abschmecken.

Käseplatte

Käse nach Wunsch einkaufen. Auf Holzbrett oder Platte anrichten. Mit blauen Trauben, Radieschen, Kümmel und Butterröllchen garnieren.

MENÜ

	Manhattan-Cocktail (1)
Rassiger, eleganter Weißwein	*Gefüllter Weihnachtsputer (2)*
Sekt	*Fürst-Pückler-Eisbombe (3)*

Manhattan-Cocktail

Pro Drink je 1 1/2 Likörgläser Vermouth Rosso und Whisky (zum Original Manhattan gehört kanadischer Whisky) mit einem Spritzer Angostura Bitter in ein Mixglas mit 2 bis 3 Eiswürfeln geben. Gut vermischen. Durch den Strainer (Barsieb) in Cocktailgläser (Sektschalen) füllen. 1 oder 2 Maraschinokirschen auf ein Spießchen geben und mit dem Cocktail servieren.

2

3

1
CINZANO
CINZANO
IMPORTED
Canadian Club

Gefüllter Weihnachtsputer

Zutaten für 8 Portionen

1 Puter (ca. 3 kg)
1 Zitrone, Salz
2 Eßlöffel Butter oder Margarine
1 Teelöffel milder Paprika
250 g Schweinemett
5 Scheiben Toastbrot
3 Eier
1/2 Teelöffel Zwiebelpulver
1 Teelöffel Salbei
gemahlener schwarzer Pfeffer
1 Teelöffel Aromat oder Fondor
1 Eßlöffel gehackte Petersilie
1 Eßlöffel Tomatenmark
1 Teelöffel Stärkemehl

Vorbereiteten Puter mit Zitronensaft beträufeln, innen und außen mit Salz würzen. Toastscheiben in grobe Würfel schneiden, mit den verquirlten Eier vermischen, Schweinemett, Zwiebelpulver, Salbei, Pfeffer, Aromat oder Fondor, Salz und gehackte Petersilie dazugeben. Die Masse gut verarbeiten, in die Halsöffnung des Puters füllen und gut vernähen. Bleibt etwas Masse übrig, füllt man sie in die Bauchhöhle. Butter oder Margarine zerlassen, mit Paprika verrühren. Puter damit ringsum bepinseln. Mit Alufolie bedecken, in der vorgeheizten Backröhre bei 175 Grad ca. 3 Stunden garen. Während der letzten halben Stunde wird die Alufolie entfernt, damit der Puter ringsum bräunt. Puter anrichten. Bratensatz mit Tomatenmark verrühren, binden und durchseihen. Getrennt dazu reichen. Puter mit Gemüsen servieren.

Fürst-Pückler-Eisbombe

Zutaten für 8 Portionen

1 l süße Sahne
4 Scheiben Ananas
2 gehäufte Eßlöffel Zucker
150 g Kuvertüre (Koch-Schokolade)
1/3 Glas Erdbeer-Konfitüre
1 Eßlöffel Pistazien
125 g Puderzucker
3 Päckchen Sahnesteif

Sahne kalt stellen. Ananas fein mixen oder hacken, mit Zucker 5 Minuten kochen und kalt stellen. Kuvertüre im Wasserbad zerlassen, Pistazien abziehen und grob hacken. Gut gekühlte Sahne mit Sahnesteif-Mittel sahnig schlagen, mit Puderzucker steif schlagen. In 3 Schüsseln verteilen. Abgekühlte, flüssige Kuvertüre, Ananasmark mit Pistazien und Erdbeerkonfitüre in je eine Schüssel geben, unter die Sahne heben. Gut gekühlte Eisbomben-Form zuerst mit Schokoladensahne ausstreichen, dann Erdbeersahne, zuletzt Ananassahne einfüllen. Form verschließen und mindestens 4 Stunden in die Tiefkühltruhe stellen. Bombe danach in heißes Wasser tauchen, stürzen. Mit Sahnetupfern, Kirschen und kandierten Veilchen garnieren.

Vollmundiger Rotwein	*Sauerkrautsalat mit Früchten (1)* *Sauerbraten mit Klößen (2)* *Brombeercreme (3)* *(Fotos Seite 28)*

Sauerbraten mit Klößen

Fleisch 3 Tage vor der Zubereitung einlegen: Gemüse putzen, in 2 cm große Stücke schneiden. Mit Gewürzen, Essig und Wein 1 Minute kochen. Kalt werden lassen und Fleisch darin 3 Tage marinieren. Fleisch trockentupfen, Gemüse abtropfen lassen. Marinade aufheben. Kokosfett im Bratentopf erhitzen. Fleisch salzen, pfeffern, hineinlegen und ringsum anbraten. Herausnehmen, Gemüse im Fett anbraten. Tomatenmark und Mehl zugeben, 3 Minuten rösten. Mit Marinade auffüllen. Fleisch darin 1 1/2 Stunden schmoren. Fleisch herausnehmen. Soße durchseihen, abschmekken. – Kartoffelklöße und Preiselbeeren dazu servieren.

750 g Rinderkeule
1 Möhre
1/4 Sellerieknolle
1 Zwiebel
1 Lorbeerblatt
1 Teelöffel Pfefferkörner
6 Wacholderbeeren
1/8 l Essig
3/8 l Weißwein
2 Eßlöffel Kokosfett
Salz, Pfeffer
2 Eßlöffel Tomatenmark
1 Eßlöffel Mehl

Sauerkrautsalat mit Früchten

Sauerkraut hacken, Apfel und Orange schälen, würfeln. Mit Haselnüssen und Trauben unter das Sauerkraut mischen. – Marinade: Zwiebel und Estragon hacken, mit Zitronensaft und Öl vermischen. Über's Sauerkraut geben.

250 g Sauerkraut
1 Apfel, 1 Orange
1 Eßlöffel gehackte Haselnüsse
1/2 Tasse halbierte Trauben
Für die Marinade:
1 Zwiebel, 1 Zweig Estragon, Saft 1/2 Zitrone
3 Eßlöffel Öl

Brombeercreme

Brombeeren mit Zucker, Zitronensaft und 2 Likörgläsern Fruchtlikör mischen. Cremespeisepulver nach Vorschrift bereiten. Mit Brombeeren in Gläser füllen. Kühl stellen und mit Waffelröllchen garniert servieren.

250 g Brombeeren
2 Eßlöffel Zucker
Saft 1/2 Zitrone
Fruchtlikör, 1 Päckchen Cremespeisepulver

Rezepte
Seite 27

Rezepte
Seite 30/31

Rassiger, eleganter Weißwein

Artischockenböden „Nantua" (1)
Truthahn chinesisch (1)
Eis-Mokka (2)
(Fotos Seite 29)

Truthahn chinesisch

4 Artischocken
4 Eßlöffel Essig
etwas Salz, 1/8 l süße Sahne
2 Eßlöffel Krebsbutter (aus dem Feinkostgeschäft)
2 gehäufte Teelöffel Mehl
Flüssigkeit von 1/4 Dose Shrimps oder Krabben
Streuwürze, Cayennepfeffer
Saft 1/4 Zitrone, Salz

Von Artischocken die Blätter bis auf 4 cm abschneiden. Stiele entfernen, grüne Blatteile mit scharfem Messer abschneiden, bis Böden sichtbar werden. Das „Heu" mit einem Kartoffelausstecher herauskratzen. Sofort in 1/2 l Wasser mit Essig und Salz legen und darin 20 bis 25 Minuten kochen. Sahne aufkochen, weiche Krebsbutter mit Mehl verkneten. Flüssigkeit von Shrimps oder Krabben zur Sahne gießen. Krebsbutter nach und nach unter die Sahne rühren und einmal aufkochen. Mit Streuwürze, Cayennepfeffer, Zitronensaft und Salz abschmecken. Die Krabben untermischen und in die heißen Artischockenböden füllen.

Artischockenböden „Nantua"

375 g ausgebeinte Truthahnbrust
2 bis 4 Eßlöffel Sojasoße
1 Teelöffel gemahlener Ingwer, 2 Möhren
1 Stange Porree, 1 Gourgette
1 kleine Fenchelknolle
2 Eßlöffel getrocknete, chinesische Pilze (Mu-err)
25 g Glasnudeln
1/4 Dose Sojabohnenkeime
1 Zwiebel, 1 Knoblauchzehe
6 Eßlöffel Öl
1 gehäufter Eßlöffel Speisestärke, Salz, Pfeffer
1/4 Tasse Weinessig
2 bis 3 Eßlöffel Aprikosen-Konfitüre

Fleisch in 1/2 cm dicke Blättchen schneiden und mindestens 1 Stunde mit 2 Eßlöffel Sojasoße und Ingwer vorwürzen. Möhren, Porree, Gourgette und Fenchel putzen, in dünne Scheiben schneiden. Pilze in Wasser 1 Minute kochen, Glasnudeln 2 Minuten. Pilze, Glasnudeln und Sojabohnenkeime abtropfen lassen. Zwiebel und Knoblauch fein hacken, Öl in einer Pfanne erhitzen. Truthahnfleisch mit Speisestärke vermischen, goldbraun anbraten und herausnehmen. Zwiebel und Knoblauch in Öl gelb dünsten, Möhren, Porree, Gourgetten und Fenchel zugeben und 5 Minuten dünsten. Nudeln, Pilze und Sojabohnenkeime hinzufügen, salzen, pfeffern und Essig und Konfitüre untermischen. Eventuell 1/2 Tasse Hühnerbrühe und 1 bis 2 Eßlöffel Sojasoße hineingeben. Mit etwas kalt angerührter Speisestärke binden. Fleisch zugeben und nicht mehr kochen lassen. Als Beilage Reis dazu servieren.

Eis-Mokka

Wasser erhitzen (nicht kochen!). Pulverkaffee, Zucker und den Vanillinzucker darin lösen. 1/2 Schale Eiswürfel zugeben. Sahne steif schlagen. Den eiskalten Mokka mit Mokka-Likör mischen und in 4 Gläser oder Kaffeetassen verteilen. Einen Sahnetuff hineingeben und darauf eine kleine Kugel Vanilleeiscreme setzen. Mit Borkenschokolade garnieren.

6 gehäufte Teelöffel Pulverkaffee
1 gehäufter Eßlöffel Zucker
1 Päckchen Vanillinzucker
1/8 l süße Sahne
3 Likörgläser Mokka-Likör
4 Kugeln Vanilleeis
Borkenschokolade

MENÜ

Erlesener Weißwein oder Rosé

Chinesisches Fleischfondue (1)
Erdbeeren „Mandorla“ (2)
(Fotos Seite 32)

Chinesisches Fleischfondue

Vom Fleischer pro Person 200 g Kalbs- oder Schweinefilet in ganz dünne Scheiben schneiden lassen. Vor dem Kochen am Tisch eine kräftige Fleischbrühe zubereiten: Zwiebeln und Knoblauchzehe schälen, fein hacken und in etwas Butter hellgelb dünsten. Weißwein dazugeben und fast verkochen lassen. Pfefferkörner oder grünen Pfeffer dazugeben, dann etwa 1 l Wasser, Aromat oder Fondor und 1 Würfel Fleisch- oder Hühnerbrühe. Die Brühe etwa 10 Minuten kochen, durch ein Sieb in die Fonduekasserolle gießen und mit einem Schuß Sherry abschmecken. Die hübsch angerichteten Fleischscheibchen mit der Fonduegabel aufspießen und zum Garen in die heiße Brühe tauchen.

800 g Kalbs- oder Schweinefilet, 2 Zwiebeln
1 Knoblauchzehe, Butter
1 Glas Weißwein
1 Teelöffel Pfefferkörner
1 Teelöffel Aromat oder Fondor
1 Würfel Fleisch- oder Hühnerbrühe, Sherry

1

Rezepte Seite 31/33

2

Rezepte Seite 35/36

1

Soßen – selbstgemacht:

Etwa 10 kleine Silberzwiebeln fein hacken und mit 1/2 Glas Mayonnaise, 1 oder 2 Teelöffel Curry, 1 Eßlöffel Aprikosenmarmelade, Rum und Salz mischen.

2 Eßlöffel süßen Senf mit 1 Becher saurer Sahne verrühren. 1/2 Bund Dill fein schneiden und daruntermischen. Mit Salz, Pfeffer, etwas Korn oder Gin würzen.

Eine geschälte Knoblauchzehe mit Salz bestreuen, fein zerdrücken, mit 2 Teelöffel Paprikamark und 1/2 Glas Mayonnaise gut verrühren. Mit Cayennepfeffer oder Tabasco würzig abschmecken.

Die meisten Beilagen können Sie fix und fertig gemischt kaufen: Tomatenketchup oder Schaschliksoße, Chutneysoße und Senfsoße, Fruchtsoßen und Senffrüchte, Mixed Pickles und Cornichons, Silberzwiebelchen und Meerrettich, den Sie mit etwas Schlagsahne oder Mayonnaise mischen können. Und bereiten Sie viel knackig frischen, grünen Salat, Radieschen, Paprikaschoten und Tomaten vor. Steht dann alles auf dem Tisch, fehlen nur noch frisches Weißbrot oder Kartoffelchips.

Das Beste an diesem Fondue ist die Fleischbrühe, die man nach dem Essen noch einmal kostet und dann in kleine Tassen füllt und genüßlich auslöffelt. Wer mag, kann noch eine Handvoll Glasnudeln hineingeben und darin glasig kochen. So macht man es in Ostasien.

Erdbeeren „Mandorla"

500 g Erdbeeren
75 g Mandeln, 1/4 l Milch
2 Eßlöffel Zucker
2 Blatt helle Gelatine
1/8 l süße Sahne
1 Likörglas Kirschwasser oder Weinbrand
1 Eßlöffel abgezogene Pistazienkerne

Erdbeeren waschen, entstielen, abtropfen lassen und kühl stellen. Abgezogene Mandeln, Milch und Zucker im Mixer in etwa 3 Minuten zu einer feinen Creme mixen. Die Gelatine 5 Minuten in kaltes Wasser legen, ausdrücken und in einem Topf erwärmen, bis sie sich aufgelöst hat. Dann vom Herd nehmen, schnell die Mandelmilch dazurühren. Die steifgeschlagene Sahne sofort unter die Creme ziehen. Mit Kirschwasser oder Weinbrand abschmecken. Die Creme in Gläser füllen, fest werden lassen, mit Erdbeeren und geschnittenen Pistazien garnieren.

MENÜ

Ausgeprägter Weißwein
oder Rosé

Gefüllte Eier (1)
Kasseler im Teig (2)
mit Herbstgemüse
Schokoladenpudding (3)
(Fotos Seite 33)

Gefüllte Eier

Eier hartkochen, schälen, halbieren und das Eigelb mit feingehackten Sardellenfilets, Senf, Salz, Pfeffer und geschmeidiger Margarine vermischen. In die Eihälften füllen. Tomaten halbieren, mit Weinessig, Estragon, Salz, Pfeffer und 1 Prise Zucker würzen. Eier daraufsetzen und mit Schittlauch garnieren. Mit Oliven, mit Sardellenfilets umwickelt, umlegen.

4 Eier, 2 Sardellenfilets
1 Teelöffel Senf, Salz, Pfeffer
25 g Margarine
4 Tomaten, Weinessig
Estragon, 1 Prise Zucker
Schnittlauch
schwarze Oliven
Sardellenfilets

Kasseler im Teig mit Herbstgemüse

Mehl in eine Schüssel sieben, mit geschmeidigem Fett und Salz zu Streuseln verarbeiten. Ei und Eiswasser unterkneten, Teig kalt stellen. Kasseler mit gemahlenem schwarzen Pfeffer und zerdrückten Wacholderbeeren einreiben. Auf der Fleischseite in einer Pfanne 5 Minuten anbraten, kalt stellen. Teig zu 2 Platten ausrollen, Kasseler mit Fettseite nach oben darauflegen. Rand mit Wasser bestreichen, 2. Teigplatte darauflegen, andrücken. Mit gehacktem Ausstecher Teig verzieren. Bei 225 Grad im vorgeheizten Backofen 30 Minuten backen. Vor dem Anschneiden ruhen lassen. Als Gemüse: In Scheiben geschnittene Gourgetten, Gurkenscheiben, Maiskolben, Tomaten.

250 g Mehl
100 g Margarine
1 Prise Salz, 1 Ei
2 Eßlöffel Eiswasser
750 g rohes Kasseler ohne Knochen
Pfeffer, Wacholderbeeren

Schokoladenpudding

1/2 l Milch
1 Beutel Schokoladen-pudding-Pulver
2 gehäufte Eßlöffel Zucker
1 Löffelspitze Zimt
1 Teelöffel Pulverkaffee

Milch erhitzen, Schokoladenpudding-Pulver, Zucker, Zimt, Pulverkaffee und 5 Eßlöffel kaltes Wasser verrühren. Milch von der Kochstelle nehmen und Puddingpulver einrühren. Einmal aufkochen. In kalt ausgespülte Gläser füllen. Sichtfolie daraufdrücken, damit sich keine Haut bildet. Kalt stellen. Mit Vanillesoße, Trauben und Waffeln garnieren.

MENÜ

Reifer, schwerer Weißwein oder	*Cassis Vermouth (1)*
leichter Rotwein oder	*Gefüllte Kalbsbrust „Vert-Pré" (2)*
Rosé	*Ananasscheiben flambiert (3)*

Cassis Vermouth

Pro Drink 1 Eiswürfel, 2 Likörgläser Sisca (schwarzer Johannisbeerlikör) und 1 Likörglas Vermouth Dry in ein Aperitifglas geben, kurz verrühren. Mit Sodawasser oder Mineralwasser auffüllen.

Gefüllte Kalbsbrust „Vert-Pré"

2 hartgekochte Eier
750 g Kalbsbrust entbeint (mit eingeschnittener „Tasche")
1 altbackenes Brötchen
200 g Bratwurstbrät
125 g frische Kräuter (Kerbel, Sauerampfer, junger Spinat, Schnittlauch, je nach Angebot)
1 Eigelb, Salz, Pfeffer
Muskat, 1 Zwiebel
1 Möhre, 1/8 l Weißwein

Für die Füllung Bratwurstbrät, in Scheiben geschnittenes Brötchen, fein gehackte Kräuter, Eigelb und Gewürze gut miteinander vermischen. In die Kalbsbrust füllen, Eier in die Mitte stecken, zunähen. Außen leicht mit Salz und Pfeffer einreiben. Die Kalbsbrust mit glatter Hautseite nach unten in einen Bratentopf mit Gittereinsatz legen. Im vorgeheizten Backofen bei 200 Grad 30 Minuten braten und gewürfelte Zwiebel und Möhre zugeben. Auf 180 Grad zurückschalten und noch eine Stunde braten. Kalbsbrust herausnehmen und vor dem Schneiden 10 Minuten ruhen lassen, damit der Braten saftig bleibt. Bratensatz mit Weißwein in Wasser loskochen und durchseihen. Dazu gibt es gebratene Kartoffeln und Kohlrabigemüse.

3

1

2

Ananasscheiben flambiert

1 große Dose (1/1)
Ananasscheiben
2 gehäufte Eßlöffel Zucker
1 Eßlöffel Butter
3 Likörgläser schwarzer
Johannisbeer-Likör
2 Likörgläser Weinbrand
4 Eßlöffel süße Sahne

Ananasscheiben abtropfen lassen oder frische Ananasscheiben verwenden. 2 gehäufte Eßlöffel Zucker mit 1 Eßlöffel Butter gelb schmelzen. Ananas hineingeben. 3 Minuten erhitzen. 3 Likörgläser schwarzer Johannisbeerlikör und 2 Likörgläser Weinbrand zugießen, anzünden. Flamme unter Rütteln der Pfanne abbrennen lassen. 4 Eßlöffel süße Sahne zugießen, verkochen lassen. Anrichten.

MENÜ

Eleganter Weißwein

Steinpilzsuppe
Poularden-Frikassee „Latapie"
Trader's Punch

Steinpilzsuppe

250 g frische Steinpilze
1 Scheibe roher Schinken
1 Eßlöffel Butter, 1 Zwiebel
Pfeffer, Thymian
1 Eßlöffel Mehl
3/4 l heiße Fleischbrühe
2 Eßlöffel saure Sahne
1 Eigelb, Kräuter
Zitronensaft

Steinpilze putzen und waschen. In Scheiben schneiden. Schinken würfeln, in Butter anbraten, gehackte Zwiebel darin gelb dünsten und Pilze zugeben. Mit Pfeffer und Thymian würzen, mit Mehl bestäuben und heißer Fleischbrühe auffüllen. 25 Minuten bei schwacher Hitze kochen. Zuletzt mit saurer Sahne und Eigelb binden. Mit Kräutern und Zitronensaft abschmecken.

Poularden-Frikassee „Latapie"

Poularde waschen. Geschältes Gemüse in Scheiben schneiden. In einer Kasserolle Butter zerlassen. Gemüse mit Lorbeerblatt und Thymian zugeben und 1 Minute dünsten. Poularde mit Zitronensaft einreiben, mit Salz und Pfeffer würzen, mit den Innereien auf das Gemüse setzen. Weißwein zugießen, zudecken und 1 Stunde bei schwacher Hitze dünsten. Paprikaschoten in Streifen schneiden und in 3 Eßlöffel Wasser 5 Minuten kochen. Sahne, Eigelb und Speisestärke verquirlen. Poularde enthäuten und entbeinen. Brühe durchseihen, mit Sahne und Eigelb binden, nicht mehr kochen. Paprika und Pfeffer zur Soße geben, würzen. Poularde mit Soße übergießen, mit Gänselebermousse, Trauben und Mandarinen garnieren.

1 Poularde (1,2 kg)
1 Zwiebel, 1 Möhre
1/4 Stück Sellerieknolle
1/2 Lorbeerblatt
1 Zweig Thymian, Butter
Saft 1/2 Zitrone, Salz
gemahlener Pfeffer
1/4 l Weißwein
1 rote und 1 grüne Paprikaschote, 1/8 l süße Sahne
1 Eigelb
1 Teelöffel Speisestärke
1 Teelöffel grüne Pfefferkörner, 2 Scheiben Gänselebermousse
ein paar Trauben und Mandarinenschnitze

Trader's Punch

Pfirsiche in heißes Wasser tauchen, Haut abziehen. Birnen schälen, entkernen. Beides in Spalten schneiden, in 4 Gläser verteilen und mit Himbeeren garnieren. Mit Alufolie abdecken und mindestens 1 Stunde kalt stellen. Gekühlten Orangensaft mit Zitronensaft und Ginger Ale mischen und über die Früchte gießen. Nach Wunsch noch mit je 1/2 Teelöffel Grenadine-Sirup begießen. Zum Schluß jedes Glas mit Waffeln hübsch garnieren.

2 Pfirsiche, 2 Birnen
125 g Himbeeren
1 Dose Orangensaft
Saft 1 Zitrone
1 kleines Fläschchen Ginger Ale, 2 Teelöffel Grenadine-Sirup

Helles Bier	*Kalte Melone „indisch" (1)* *Schwarzwälder Schäufele (2)* *mit Bauernbrot, Kartoffelsalat* *und Beilagen* *Mandarinencreme (3)*

Kalte Melone „indisch"

Zutaten für 8 Portionen
2 Zuckermelonen (je 750 g)
2 Päckchen tiefgekühlte Hähnchenbrüste (unpaniert)
Salz, 1 Sellerieknolle
6 Eßlöffel Mayonnaise
Curry, Saft 1 Zitrone
einige Walnußkerne und Maraschinokirschen

Von den Melonen einen Deckel abschneiden, Kerne mit einem Löffel herausholen. Mit einem Kartoffelausstecher Kugeln ausstechen. Ausgehöhlte Früchte und Kügelchen kalt stellen. Hähnchenbrüste in wenig Salzwasser 30 Minuten dünsten. Inzwischen Sellerieknolle schälen, waschen, in Streifen schneiden, zum Hähnchenfleisch geben und 10 Minuten mitdünsten. Mayonnaise mit 1 schwach gehäuften Teelöffel Curry verrühren, mit Zitronensaft und Salz abschmecken. Geschnittenes Fleisch, Sellerie und Melonenkugeln daruntermischen, den Salat in die Melonen füllen. Mit Nüssen und Kirschen garnieren.

Schwarzwälder Schäufele

Zutaten für 8 Portionen
Etwa 1,5 kg gepökelte und leicht geräucherte Schweineschulter, etwa 3 l Wasser
1 Zwiebel, 6 Nelken
1 Teelöffel weiße Pfefferkörner
1 Teelöffel Wacholderbeeren
1/2 Teelöffel Thymian
1 Lorbeerblatt

Schweineschulter mit etwas heißem Wasser abspülen. Wasser in einem passenden Topf aufsetzen und zerschnittene Zwiebel, Nelken, Pfefferkörner, Wacholderbeeren, Thymian und Lorbeerblatt hinzufügen. Aufkochen, das Fleisch hineinlegen, etwa 10 Minuten kochen lassen und bei schwacher Hitze noch etwa 1 1/2 Stunden zugedeckt ziehen lassen. Das fertige Fleisch aus der Brühe heben, aufschneiden und mit Mixed Pickles, Senf, Bauernbrot und Kartoffelsalat servieren. Dazu paßt Bier. Eventuelle Reste in Scheiben schneiden und kalt als Aufschnitt verwenden.

3

Mandarinencreme

Zutaten für 8 Portionen
6 Blatt helle Gelatine
3 Eier
4 gehäufte Eßlöffel Zucker
1/4 l Weißwein
1/8 frisch gepreßter Mandarinensaft
3/8 l süße Sahne
3 Likörgläser Weinbrand oder Orangenlikör

Gelatine in kaltes Wasser legen, Eigelb und Zucker schaumig rühren. Weißwein und Mandarinensaft aufkochen, zum Eigelb rühren, ins kochende Wasserbad setzen und 2 Minuten mit dem Handmixer schaumig schlagen. Gelatine ausdrücken, in die heiße Creme rühren. Dann kühl stellen und warten, bis die Creme zu stocken beginnt. 3 Eiweiß ganz steif schlagen und darunterziehen. Sahne auch steif schlagen und unter die Creme heben. Zum Schluß Weinbrand oder Orangenlikör in die Creme geben. In Gläser verteilen und hübsch garnieren.

MENÜ

Eleganter Weißwein	*Schildkrötensuppe (1)*
oder	*Lammbraten „Frühlingsart" (2)*
vollmundiger Rotwein	*Vanilleeis mit Ananas- (3)*
	oder Schokoladensoße
	(Fotos Seite 44)

Schildkrötensuppe

1 kleine Dose (1/2) Schildkrötensuppe
1 Eßlöffel Cognac, Weinbrand oder Sherry

Schildkrötensuppe (für 4 kleine Tassen) erhitzen, aber nicht kochen. Zuletzt mit 1 Eßlöffel Cognac, gutem Weinbrand oder altem Sherry abschmecken. In die Tassen füllen. Sofort servieren.

Lammbraten „Frühlingsart"

1 kg Lammkeule, Salz
gemahlener schwarzer Pfeffer
1 Löffelspitze Knoblauchpulver oder -salz
1 Eßlöffel Biskin
1 Zwiebel
1 Zweig oder 1/2 Teelöffel Thymian
1/4 l Brühe aus Würfeln

Fleisch würzen, mit Biskin im vorgeheizten Backofen (dicke Fleischseite nach oben) 1/2 Stunde bei 220 und 3/4 Stunde bei 180 Grad braten. Braten wenden, Zwiebel und Thymian zugeben. Bratensatz mit Brühe ablöschen, durchseihen. Für die Garnitur: Zitronensaft, Streuwürze, Salz und Wasser aufkochen. Gewaschenen, halbierten Chicorée hineinlegen, 20 Minuten dünsten. Abtropfen, in Margarine braten. Gemüse erhitzen, abgießen, etwas Margarine zugeben.

Für die Herzoginkartoffeln: Wasser mit Gewürzen kochen. Eigelb, in 1/8 l kalter Milch verquirlt, ins Wasser rühren. Vom Herd nehmen, Püreeflocken untermischen. Ohne Deckel 10 Minuten quellen lassen. Mit Spritzbeutel (Sterntülle) auf ein Blech Plätzchen spritzen. Milch mit Curry verrühren und die Plätzchen damit bestreichen. Bei 200 Grad 10 Minuten im Backofen backen.

Garnitur:
6 Stangen Chicorée
Saft 1/2 Zitrone
1/2 Teelöffel Streuwürze
3/8 l Wasser
1 Eßlöffel Margarine
1 halbe Dose grüne Bohnen oder ganze Möhren mit Erbsen
Für die Herzoginkartoffeln:
1 Päckchen Kartoffelpüreeflocken
3/8 l Wasser, Salz, Muskat Pfeffer
2 Eigelb, Milch
1 Eßlöffel Kondensmilch
1/2 Teelöffel Curry

Vanilleeis mit Ananassoße

Ananassaft, Zitronensaft, Weißwein und Zucker aufkochen. Die Speisestärke mit kaltem Wasser verquirlen, dazurühren und aufkochen. Die Soße mit Orangenlikör oder Kirschwasser abschmecken und über das portionierte Eis geben.

1 Haushaltspackung Vanilleeis
1/2 Dose Ananas
Saft von 1 Zitrone
1/8 l Weißwein
1 Eßlöffel Zucker
1 bis 2 Teelöffel Speisestärke
2 Likörgläser Orangenlikör oder Kirschwasser

oder mit Schokoladensoße

Saft und Zucker etwa 3 Minuten kochen. Kakao dazugeben, gut verrühren und die Soße noch 1 Minute kochen. Mit Orangenlikör oder Rum und vielleicht etwas Zimt gut abschmecken. Das Eis in Kugeln abstechen und die Soße darübergeben.

1 Haushaltspackung Vanilleeis
1/2 Tasse Fruchtsaft von Kompottfrüchten
1/2 Tasse Zucker
2 gehäufte Eßlöffel Kakao
1 Likörglas Rum oder Orangenlikör

2 Rezepte Seite 42/43

1

3

1

3

Rezepte Seite 46/47

2

Reifer, schwerer Weißwein oder leichter Rotwein oder Rosé

Fleischbrühe mit grünem Eierstich (1)
Gefüllter Kalbsrücken mit Gemüseplatte und Kartoffelkroketten (2)
Danablu-Birnen (3)
(Fotos Seite 45)

Fleischbrühe mit grünem Eierstich

125 g Spinat oder Sauerampfer
2 Eier, 1/3 Tasse Milch
Salz, Muskat

Spinat oder Sauerampfer waschen, fein hacken, mit den Eiern, der Milch, Salz und Muskat vermischen. In eine beschichtete Pfanne geben. Deckel schließen, 15 Min. garen. Stürzen, in schräge Vierecke schneiden.

Gefüllter Kalbsrücken mit Gemüseplatte und Kartoffelkroketten

1 kg ausgelöster Kalbsrücken, etwas Butter oder Margarine
2 Lorbeerblätter
1 Teelöffel Pfefferkörner
2 Rosmarinzweige
Salz, Pfeffer, 1 Zwiebel
50 g Räucherspeck
2 Scheiben Toastbrot ohne Rinde, 2 Eier
50 g geschälte, geriebene Mandeln
1 Eßlöffel gehackte Petersilie
1/8 l saure Sahne
1 Teelöffel Speisestärke

Starke Alufolie einfetten und Lorbeerblätter, Pfefferkörner und Rosmarinzweige darauflegen. Fleisch mit Salz und Pfeffer einreiben und auf die Folie legen. Zwiebel und Räucherspeck würfeln und mit zerbröckeltem Toastbrot, Eiern, Mandeln und Petersilie gut vermischen. Auf das Fleisch streichen und die Folie so darüberschlagen, daß der Rücken aufgerollt ist. Das Folienpaket gut verschließen, auf einem Bratenblech bei 200 Grad im Backofen 1 1/2 Stunden garen. Fleisch anrichten, die Soße mit Sahne und Speisestärke verrühren und kurz aufkochen. Dazu Gemüseplatte und Kartoffelkroketten reichen.

Danablu-Birnen

Reife Birnen schälen, halbieren und entkernen oder Kompottbirnen abtropfen lassen. Edelpilzkäse und Schmelzkäse auf ein Holzbrett geben, mit der Gabel zerkleinern und leicht mischen. Etwas gehackte Petersilie, gemahlenen Kümmel, ganz wenig Rosenpaprika oder Cayennepfeffer und nach Wunsch Sherry oder Weinbrand daruntermischen. Das Toastbrot rösten, auf ein Backblech legen, die Birnen darauflegen und mit Käsemischung bedecken. Bei 225 Grad in den Backofen schieben und 10 Minuten überbacken. Mit Rosenpaprika oder Cayennepfeffer bestäuben und mit Salatblättern anrichten.

2 reife oder 4 halbe Kompottbirnen aus der Dose
125 g Edelpilzkäse (Danablu)
1 Ecke Sahne-Schmelzkäse
Petersilie, etwas Kümmel
Rosenpaprika oder Cayennepfeffer, nach Wunsch einige Tropfen Sherry oder Weinbrand
4 Scheiben Toastbrot
Salatblätter

MENÜ

Edler Weißwein	*Ochsenschwanzsuppe „Frühlingsart" (1)* *Gebratenes Kalbsbries „Königin" (2)* *Fruchtsalat „Grand Marnier" (3)* *(Fotos Seite 49)*

Ochsenschwanzsuppe „Frühlingsart"

Sellerieknolle, Möhre und Lauchstange (ohne grüne Blätter) putzen, in 1/2 cm große Würfel schneiden. Butter im Suppentopf zerlassen und darin das Gemüse 10 Minuten hell dünsten. Sherry zugeben. Mit Klarer Ochsenschwanzsuppe auffüllen. Nicht mehr kochen lassen. Mit Weißbrot oder Brötchen servieren.

1/4 Sellerieknolle
1 Möhre, 1 Lauchstange
1 Eßlöffel Butter
1/2 Weinglas Sherry
1/2 l Klare Ochsenschwanzsuppe (Dose)

Gebratenes Kalbsbries „Königin“

500 g Kalbsbries (auch Kalbsmilch genannt)
Salz, Pfeffer
Saft 1/2 Zitrone
Instant-Mehl, 1 Zwiebel
1 Eßlöffel gehackte Petersilie
1 Essiggurke, 50 g Butter
1/4 l Rotwein
2 Likörgläser Madeira
3 Teelöffel Instant-Bratensoße
1 Päckchen gefrostete grüne Erbsen
1/2 Teelöffel Curry
4 Blätterteig-Pasteten

Kalbsbries in leichtem Salzwasser aufkochen und zugedeckt 15 Minuten ziehen lassen. Nach dem Erkalten in 1 cm dicke Scheiben schneiden und mit Salz, Pfeffer und Zitronensaft würzen. Bries in Mehl wenden und in Butter auf beiden Seiten 4 Minuten braten. Auf eine heiße Platte legen. Zwiebel, Petersilie und Gurke fein hacken, im Bratfett 2 Minuten dünsten. Über das Bries geben. Rotwein und Madeira in der Pfanne 1 Minute kochen, mit Bratensoße binden und Bries damit übergießen. Pastetchen im Backofen bei 50 Grad etwa 15 Minuten erhitzen. Erbsen nach Vorschrift bereiten, mit Curry leicht würzen und in die fertigen Pastetchen füllen.

Tip: Damit das Kalbsbries weiß bleibt, wird es 1 bis 2 Stunden gewässert.

Fruchtsalat „Grand Marnier“

4 Tassen frische Früchte oder 1-kg-Dose Fruchtcocktail
2 Päckchen Vanillinzucker
1 Löffelspitze gemahlener Ingwer oder Kardamom
Saft von 1/2 Zitrone
1 Eßlöffel Zucker
2 oder 3 Likörgläser Grand Marnier

Die frischen Früchte verlesen, putzen, waschen, abtropfen lassen. Je nach Größe ganz oder kleingeschnitten weiterverwenden. Kompottfrüchte in ein Sieb schütten und den Saft in eine Schüssel ablaufen lassen. 1/2 Tasse Fruchtsaft (Apfel- oder Traubensaft) mit Vanillinzucker, Zucker, Zitronensaft und Ingwer oder Kardamom in einem kleinen Topf aufkochen und erkalten lassen. Grand Marnier dazugießen und unter die Früchte mischen. 1 Stunde kalt stellen und mit Schlagsahne servieren.

3

1

2

Herzhafter, ausgeprägter Weißwein oder süffiger Rotwein	*Cocktail „Red Day“ (1)*
	Spanferkel mit Salat (2)
	Bauernbrot und Beilagen
	Himbeer-Kaltschale (3)
	(Fotos Seite 52)

Red Day

2 Teile Sangrita mit 1 Teil Gin mischen und mit Eiswürfeln im Glas servieren. Dazu Zitronenscheiben reichen.

Spanferkel mit Salat, Bauernbrot und Beilagen

Ca. 2 kg Spanferkel
Salz, Pfeffer
1 Teelöffel Rosmarin
2 Knoblauchzehen
10 Wacholderbeeren
1/4 l dunkles Bier
1 Teelöffel Butter
2 Eßlöffel Öl, 1 Zwiebel

Fleisch waschen, trockentupfen. Mit Salz und Pfeffer einreiben. Rosmarin, zerdrückten Knoblauch, Wacholderbeeren, Salz und reichlich gemahlenen Pfeffer mit Bier und Butter aufkochen und 10 Minuten ziehen lassen. Ferkel, besonders an den Innenseiten, gut mit der Marinade bestreichen. In Bratentopf mit Öl legen, Schwarte nach unten, und im vorgeheizten Backofen 45 Minuten braten. Mehrmals mit Marinade bestreichen. Fleisch wenden, mit Zwiebelwürfeln umlegen, noch ca. 40 Minuten braten. Dazu süß-sauren Kürbis.

Himbeer-Kaltschale

750 g Himbeeren
1/4 l Weißwein
1/2 l Wasser
4 gehäufte Eßlöffel Zucker
3 gestrichene Eßlöffel Speisestärke
Saft von 2 Zitronen

Weißwein, Wasser und Zucker aufkochen. Speisestärke mit Wasser verquirlen, dazurühren und einmal aufwallen lassen. Topf ohne Deckel in ein kaltes Wasserbad stellen und den Inhalt abkühlen lassen. Inzwischen Himbeeren waschen, abtropfen lassen, verlesen und im Mixer pürieren. Himbeerpüree und Zitronensaft in die Weinsuppe geben. Zugedeckt in den Kühlschrank stellen und sehr kalt werden lassen.

Herzhafter, ausgeprägter Weißwein

Klare Brühe mit Eierstich (1)
Gefüllte Kalbsschnitzel (2)
mit neuen Kartoffeln und
Kohlrabigemüse
Erdbeeren „Ninon" (3)
(Fotos Seite 53)

Klare Brühe mit Eierstich

3 Eier, 1/8 l Milch
Salz, Muskat
1/2 l Fleischbrühe aus Würfeln

Eier, Milch, Salz und etwas Muskat gut verquirlen. In eine kunststoffbeschichtete Pfanne gießen. Deckel auflegen und in 20 Minuten stocken lassen. Fleischbrühe aus Würfeln bereiten. Gestockte Eimasse in Rauten schneiden, in die Brühe geben.

Gefüllte Kalbsschnitzel

4 dicke Kalbsschnitzel à ca. 150 g (vom Fleischer jeweils eine Tasche einschneiden lassen)
1 Paar rohe Bratwürste
1 Teelöffel Senf
1 Eßlöffel gehackte Kräuter
1 Ei, Salz, Pfeffer, Mehl
Semmelbrösel
1 Eßlöffel Butter oder Margarine
1 Eßlöffel gehackte Kräuter

Bratwurstfleisch mit Senf, gehackten Kräutern und Eigelb vermischen. Die Masse in die Kalbsschnitzel füllen. Fleisch mit Salz und Pfeffer außen würzen. Danach zuerst in Mehl, verquirltem Eiweiß und zuletzt in Semmelbröseln wenden. In einer flachen Pfanne Fett langsam erhitzen, Schnitzel hineinlegen und darin gar braten. Auf warmer Platte anrichten. Zuletzt restliche Kräuter zum Bratenfett geben und die Schnitzel damit übergießen. Als Beilagen neue Kartoffeln und Kohlrabi oder Spargelgemüse reichen.

Erdbeeren „Ninon"

500 g frische, gewaschene Erdbeeren
1 kleine Dose Ananas in Scheiben
1/2 Haushaltspackung Vanille-Eiscreme
2 Eßlöffel Himbeerkonfitüre

4 Glasteller für ca. 10 Minuten in das Tiefkühlfach stellen, dann die Vanille-Eiscreme darauf verteilen. Erdbeeren um das Eis verteilen, Ananasstücke im Halbbogen daranlegen. Dessert mit einem Erdbeerblättchen oder einer Waffel garnieren. Himbeerkonfitüre mit etwa 1/2 Tasse Ananassaft verrühren, das Dessert damit umgießen und sofort servieren.

3 Rezepte Seite 50

1

2

2
Rezepte
Seite 51

1

3

Feuriger, voller Rotwein

Kalte spanische Suppe (Gazpacho)
Grillspieße mit Silberkartoffeln
und buntem Salat
Eisbecher

Kalte spanische Suppe (Gazpacho)

Zutaten für 8 Portionen
1/2 l Tomatensaft
1 l kräftige fettfreie Fleischbrühe
6 Eßlöffel Olivenöl
Saft von 5 Zitronen
etwa 20 Eiswürfel
3 Knoblauchzehen
4 Zwiebeln
1 1/2 Salatgurken
4 grüne Paprikaschoten
2 Fenchelknollen
Salz, Pfeffer

Tomatensaft, Fleischbrühe, Olivenöl und Zitronensaft mit den Eiswürfeln verrühren und in eine Terrine geben. Knoblauch schälen und zerreiben. Zwiebeln und Salatgurke schälen, Paprika und Fenchel putzen, waschen und das Gemüse in 1 cm große Würfel schneiden. Alles gut mischen, etwa 1 Stunde kalt stellen und mit Salz und Pfeffer pikant abschmecken. Gazpacho mit Toast oder Pariser Brot servieren.

Grillspieße

Zutaten für 8 Portionen
500 g Rinderlende
500 g Schweinefilet
250 g große Champignons
8 kleine Tomaten
16 kleine Speckscheiben
2 rote und 2 grüne Paprikaschoten (geputzt und geviertelt)
16 kleine rohe Bratwürste

Fleisch in 3 cm große Würfel schneiden und mit 4 Eßlöffel Öl, 1 Eßlöffel Zitronensaft, etwas schwarzem Pfeffer, 2 zerdrückten Knoblauchzehen (ungeschält) und 2 zerbrochenen Lorbeerblättern gut durchziehen lassen. Danach mit den übrigen Zutaten aufspießen. Mit Öl bestreichen und von jeder Seite 12 bis 15 Minuten grillen. Das Fleisch nach jeweils 10 Minuten dünn mit einer Grillsoße (Fertigprodukt) bestreichen.

Bunter Salat

Zutaten für 8 Portionen
6 Tomaten
1 Bund Radieschen
1 Salatgurke
1 rote Paprikaschote
Öl, Essig, 1 Bund Dill
Pfeffer, Senf und Salz

Gemüse putzen, waschen und in beliebige Stücke schneiden. Etwa 6 Eßlöffel Öl mit 4 Eßlöffel Essig, feingehacktem Dill, etwas Pfeffer, Senf und Salz mischen und über die Salatzutaten geben. Gut mischen und kurz durchziehen lassen.

Silberkartoffeln

Große Kartoffeln einölen, salzen und in extra starke Alufolie einwickeln. 1 Stunde im Backofen bei 225 Grad garen.

Zutaten für 8 Portionen:
8 große Kartoffeln
2 Eßlöffel Öl, Salz

Eisbecher

Ananassaft und Zitronensaft aufkochen. Rum mit Speisestärke verquirlen, dazugießen, gut verrühren und kurz aufkochen lassen. Eiscreme und Früchte in Sektschalen geben. Mit kaltem Ananassaft begießen.

Zutaten für 8 Portionen
1 Haushaltspackung Vanille-Eiscreme
1 große Dose Ananas
1 Glas Maraschinokirschen
Saft von 1 Zitrone
1 Gläschen Rum
1 Eßlöffel Speisestärke

MENÜ

Vollmundiger Rotwein

Klare Fleischbrühe (1)
mit Schinkenklößchen
Paprikabraten mit Kartoffelpürre (2)
und Krautsalat
Fruchtgelee (3)
(Fotos Seite 57)

Klare Fleischbrühe mit Schinkenklößchen

Zwiebel schälen und fein hacken. Schinken in kleine Würfel schneiden. Toastbrot entrinden und mit Sahne übergießen. Margarine erhitzen und Zwiebelwürfel darin glasig werden lassen. Mit Schinken, Toastbrot, Ei, Mehl und gehackter Petersilie gut vermischen. Teig mit Salz, Muskat und Pfeffer abschmecken. Etwa 1 l Salzwasser aufkochen, mit einem Teelöffel vom Teig Klößchen abstechen und hineingeben. Ziehen (nicht kochen!) lassen, bis die Klößchen oben schwimmen. In Fleischbrühe anrichten.

1 Zwiebel
3 Scheiben gekochter Schinken
2 Scheiben Toastbrot
2 Eßlöffel Sahne
1 Eßlöffel Margarine, 1 Ei
1/2 Eßlöffel Mehl
1 Eßlöffel gehackte Petersilie
Salz, Muskat, weißer Pfeffer
1 l Fleischbrühe

Paprikabraten

750 g Schweinekotelett
2 Zwiebeln
3 Paprikaschoten, 1 Apfel
1 Knoblauchzehe, 1 Zitrone
Öl, weißer oder roter Wein
Rosenpaprika und
Edelsüß-Paprika
Salz, Pfeffer, Kümmel

2 Eßlöffel Öl im Schnellkochtopf erhitzen. Fleisch mit Salz, Pfeffer und Kümmel einreiben, ins heiße Fett legen und von allen Seiten hellbraun braten. Inzwischen Zwiebeln schälen, in Streifen schneiden. Angebratenes Fleisch aus dem Topf heben. Zwiebeln im Bratfett hellbraun braten. Den Topf vom Herd nehmen und 2 gehäufte Teelöffel Edelsüß-Paprika und 1 gestrichenen Teelöffel Rosenpaprika dazugeben. Alles gut miteinander verrühren. Eine Tasse Wasser oder die gleiche Menge Rot- oder Weißwein dazugießen und den Topf wieder aufsetzen. Fleisch in die Soße legen. Topf schließen und warten, bis das Ventil 2 Ringe zeigt. Das Fleisch so 25 Minuten garen. Inzwischen die Paprikaschoten vierteln, entkernen, waschen und in Streifen schneiden. Knoblauchzehe schälen, mit etwas Salz zerdrücken. Apfel vierteln, entkernen, in dünne Blättchen schneiden. Zitrone waschen, 1/4 der Schale dünn abschälen, in feine Streifen schneiden. Topf nach Gebrauchsanweisung öffnen. Paprika, Äpfel, Zitronenschale und Knoblauch um das Fleisch herumgeben. Topf wieder schließen, das Essen noch 3 Minuten garen. Topf öffnen, Fleisch herausheben und in Scheiben schneiden. Paprikabraten mit Kartoffelpüree anrichten. Dazu schmeckt auch Krautsalat.

Fruchtgelee

4 Tassen Früchte (frisch oder aus der Tiefkühltruhe)
1/4 l Fruchtsaft
1/8 l Weißwein
Saft 1/2 Zitrone
1 oder 2 Eßlöffel Zucker
1 Päckchen Vanillinzucker
6 Blatt helle Gelatine
etwa 2 Likörgläser Aprikosenlikör

Früchte, je nach Größe ganz oder zerkleinert, in 4 Gläser oder eine Schale verteilen. Gelatine in kaltes Wasser legen und Weißwein mit Fruchtsaft, Zitronensaft, Zucker und Vanillinzucker aufkochen. Gelatine ausdrücken und in den kochenden Saft geben. Aprikosenlikör dazurühren und den Saft über die Früchte gießen. Kalt werden lassen und dazu Schlagsahne servieren. Sahne kann mit Vanillinzucker, gerösteten Mandelsplittern, Schokoladenpulver, Eierlikör, gehacktem Ingwer oder Pulverkaffee und etwas Zucker vermischt werden.

1
3

2

Herzhafter Weißwein	*Krabben-Cocktail* *Puterbraten mit Rotkohl* *und Kartoffelkroketten* *Vanille-Eiscreme mit heißer* *Himbeersoße*

Krabben-Cocktail

Zutaten für 8 Portionen
1 Dose Nordsee-Krabben
Salatblätter, 1/4 l süße Sahne
4 Eßlöffel Tomatenketchup
Saft 1/2 Zitrone
1 Löffelspitze scharfer roter Paprika oder Pfeffer
2 Teel. Weinbrand, Salz
nach Belieben 2 Teelöffel geriebener Meerrettich
2 Zitronen
gehackte Petersilie

Die abgetropften oder aufgetauten Krabben in Gläsern auf Salatblättern anrichten. Sahne (ohne Zucker) schlagen. Ketchup, Zitronensaft, Pfeffer, Weinbrand, Salz und Meerrettich vorsichtig untermischen. Soße pikant abschmecken und über die Krabben geben. Nach Wunsch mit Oliven- und Zitronenscheiben sowie gehackter Petersilie und Champignons garnieren. Je nach Belieben Toast und Butter dazu reichen.

Puterbraten

Zutaten für 8 Portionen
1 Puter ca. 3 kg
1 Zitrone, Salz
2 Eßlöffel Butter oder Margarine
1 Teelöffel milder Paprika
250 g Schweinemett
5 Scheiben Toastbrot, 3 Eier
1/2 Teelöffel Zwiebelpulver
1 Teelöffel Salbei
gemahlener schwarzer Pfeffer
1 Teelöffel Aromat oder Fondor
1 Eßlöffel gehackte Petersilie

Vorbereiteten Puter mit Zitronensaft beträufeln, mit Salz innen und außen würzen. Toastscheiben in grobe Würfel schneiden, mit den verquirlten Eiern vermischen, Schweinemett, Zwiebelpulver, Salbei, Pfeffer, Aromat oder Fondor, Salz und gehackte Petersilie dazugeben. Masse gut verarbeiten und die Halsöffnung des Puters damit füllen und gut vernähen. Eventuell übrig gebliebene Masse in die Bauchhöhle füllen. Butter oder Margarine zerlassen, mit Paprika verrühren, den Puter ringsum damit bepinseln. Mit Alufolie bedeckt in der Röhre bei 175 Grad ca. 3 Stunden garen. Während der letzten halben Stunde wird die Alufolie entfernt, damit der Puter ringsum schön bräunt. Mit halbierten, gebackenen, mit Preiselbeeren gefüllten Äpfeln garnieren.

Rotkohl

Zwiebel- und Apfelscheiben dünsten. Feingeschnittenes Rotkraut zugeben. Würzen. Mit Fleischbrühe auffüllen, garen. Mit Himbeersaft, Essig und Speisestärke leicht binden.

Zutaten für 8 Portionen
1 Eßlöffel Butter oder Margarine
1 Zwiebel, 4 Äpfel
1 Kopf Rotkraut
2 Lorbeerblätter, 4 Nelken
1/4 l Fleischbrühe aus Würfeln
4 Eßlöffel Himbeersaft
4 Eßlöffel Essig
2 Teelöffel kalt angerührte Speisestärke

Kartoffelkroketten

Frisch gekochte Salzkartoffeln durchpressen. Mit Fett, Muskat, Eigelb und gehackten Kräutern verrühren und nachsalzen. Auf bemehlter Tischplatte aus der Masse lange Rollen formen, in beliebige Stücke schneiden, zuerst in verquirltem Eiweiß, danach in Paniermehl wenden und in Backfett bei 175 Grad in ca. 3 Minuten backen.

Zutaten für 8 Portionen
2 kg mehlige Kartoffeln
Salz
2 Eßlöffel Butter oder Margarine
Muskat, 4 Eier
2 Eßlöffel gehackte Kräuter
Mehl, Paniermehl

Vanille-Eiscreme mit heißer Himbeersoße

Eiscreme mit einem Eisportionierer oder einem in heißes Wasser getauchten Eßlöffel abstechen und in einer gekühlten Schale anrichten. In den Kühlschrank stellen. Wasser und Zucker 1 bis 2 Minuten kochen, Himbeeren hineingeben und zugedeckt auftauen lassen. Zitronen- und Orangensaft mit der Speisestärke verquirlen und zu den Himbeeren gießen. Soße kurz aufkochen und mit Himbeergeist und Kirschwasser oder Weinbrand verfeinern. In eine Sauciere geben und heiß zu der Eiscreme reichen.

Zutaten für 8 Portionen
2 Haushaltspackungen Vanille-Eiscreme
2 Tassen Wasser
4 gehäufte Eßlöffel Zucker
2 Pakete tiefgekühlte Himbeeren
Saft von 2 Zitronen und 2 Orangen
2 Teelöffel Speisestärke
2 Likörgläser Himbeergeist
Kirschwasser oder Weinbrand

Herzhafter, ausgeprägter Rotwein

Klare Ochsenschwanzsuppe (1)
Elsässische Fleischtorte (2)
mit Rohkostplatte
Vanille-Eiscreme mit Weinbrandsoße (3)

Klare Ochsenschwanzsuppe

1 Dose Klare Ochsenschwanzsuppe

1 Dose Klare Ochsenschwanzsuppe erhitzen, trockenen Sherry oder Weinbrand zugeben. Dazu Käse-Fours.

Elsässische Fleischtorte

300 g Schweinskeule
200 g Kalbskeule
1 Zwiebel, 1 Bund Kerbel oder Petersilie
1 schwach gehäufter Teelöffel Pastetengewürz
etwas Muskat, Pfeffer
5 Eßlöffel Weinbrand, Salz
1 Päckchen gefrosteter Blätterteig, 3 Eier
1/8 l saure Sahne

Fleisch entsehnen und in 1 cm große Würfel schneiden. Zwiebel schälen, Kräuter waschen und beides fein hacken. Mit Gewürzen und Weinbrand ohne Salz unter das Fleisch mischen und über Nacht marinieren. Teig zu zwei runden Platten ausrollen, eine Platte auf ein mit Wasser benetztes Backblech legen und die gesalzene Fleischmasse in die Mitte setzen. Teigrand mit Wasser bestreichen, Teigdeckel auflegen und ringsum gut andrücken. 1 Eigelb verquirlen und damit die Pastete zweimal bepinseln. Ein etwa fingerhutgroßes Loch in die Mitte schneiden. Bei 220 Grad 25 Min. backen. 2 Eier mit Sahne und Pfeffer verrühren. Nach der Backzeit in die Pastete gießen. Nochmals 25 Min. bei 180 Grad backen. Dazu Rohkostplatte servieren.

Vanille-Eiscreme mit Weinbrandsoße

2 Orangen, 1 Banane
1/8 l Weißwein
2 Eßlöffel Zucker
2 Likörgläser Weinbrand
1 Familienpackung Eis

Orangen und Banane schälen und würfeln. Weißwein mit Zucker aufkochen. Weinbrand und Früchte dazugeben, portionieren und auf Teller oder in Gläser verteilen. Weinbrandsoße noch warm zum Eis reichen.

3

2

Schwerer, gehaltvoller Rotwein (Burgunder)	*Daiquiri on the rocks* *Fondue Bourguignonne* *Orangenfilets mit Joghurtsoße*

Daiquiri on the rocks

Ein hohes Glas bereitstellen und 3 Eiswürfel, den Saft von 1/2 Zitrone, 1–2 Eßlöffel Grenadine-Sirup und 2 Likörgläser Rum hineingeben. Umrühren und zuletzt etwas Mineralwasser dazugießen.

Fondue Bourguignonne

1 kg Rinderlende, gut abgehangen
1 l Öl oder 1 kg Pflanzenfett

Sehne, Haut und Fetteile an der Rinderlende entfernen. Fleisch in 2 1/2 cm dicke Würfel schneiden und in rohem Zustand anrichten. Fett im Fonduetopf auf dem Herd erhitzen und am gedeckten Tisch auf Rechaud heiß halten. Fleischstücke, einzeln an Spießchen gesteckt, im Fett 3–4 Minuten garen. Als Beilagen eignen sich besonders: Stangenbrot, Pommes chips, Cornichons, Perlzwiebeln, schwarze, entsteinte Oliven sowie die nachfolgend beschriebenen kalten und warmen Cremes und Soßen.

Avocado-Creme

2 reife Avocados
50 g geschälte Mandeln
2 Eßlöffel Weinessig
etwas Zwiebel- und Knoblauchpulver
schwarzer Pfeffer, Salz

Avocados halbieren und den Kern herausnehmen. Das Fruchtfleisch mit einem kleinen Löffel aus der Schale lösen. Avocado-Fleisch mit Mandeln und Gewürzen im Mixer fein pürieren.

Soße Chateaubriand

Schalotten schälen, Champignons waschen und beides zusammen grob hacken. Mit Lorbeerblatt, Thymian und Weißwein solange kochen, daß beim Durchseihen 1/3 Tasse Flüssigkeit übrigbleibt. Fleischextrakt und Butter unter die Flüssigkeit rühren. Nicht mehr kochen lassen und noch heiß servieren.

3 Schalotten
50 g frische Champignons
1/2 Lorbeerblatt
1 Löffelspitze Thymian
1/4 l herber Weißwein
1 gestrichener Teelöffel Fleischextrakt
100 g frische Süßrahmbutter

Cumberlandsoße

Orange dünn schälen, Schale in feine Streifen schneiden, mit Rotwein und Ingwer 10 Minuten kochen und abkühlen lassen. Zitrone und Orange auspressen, und den Saft mit Johannisbeergelee mischen. Senf und Meerrettich darunterrühren, abgekühlten Rotwein und Orangestreifen dazugeben. Die Soße mit Cayennepfeffer abschmecken und dann kalt servieren.

1 Orange, 1/8 l Rotwein
1 Teelöffel Ingwer
1 Tasse Johannisbeergelee
1/2 Zitrone
1 Teelöffel Senf
1 Eßlöffel geriebener Meerrettich
Cayennepfeffer

Trüffel-Gänseleber-Mousse

Gänseleber-Mousse mit einem Holzlöffel cremig rühren. Trüffel fein hacken und mit der Trüffelbrühe und dem Cognac unter das Gänseleber-Mousse rühren.

1 Dose Gänseleber-Mousse (200 g)
1/16 Dose Perigord-Trüffel
1 Eßlöffel Cognac

Orangenfilets mit Joghurtsoße

Die Orangen mit einem scharfen Messer dick abschälen. Dann das Fruchtfleisch aus den Bindehäuten schneiden, entkernen und in 4 Dessertgläser verteilen. Mit Orangenlikör beträufeln und so etwa 10 Minuten durchziehen lassen. Joghurt und Puderzucker gut miteinander verrühren und über die Orangenfilets verteilen. Mit leicht gerösteten Mandelsplittern bestreuen und nach Wunsch mit feinem Biskuitgebäck oder Waffeln servieren. Ein anderes Mal die Joghurtsoße mit braunem Zucker verrühren und gut abschmecken.

8 Orangen
2 Likörgläschen Orangenlikör
1 Becher Joghurt
2 gehäufte Eßlöffel Puderzucker
1/2 Päckchen Mandelsplitter

	Kraftbrühe „Palmito" (1)
Edler, schwerer Weißwein	*Gebratener Hammelrücken (2)*
oder	*mit Gemüsen*
samtiger Rotwein	*Schnee-Eier mit Vanillesoße (3)*

Kraftbrühe „Palmito"

3/4 l Hühnerbrühe aus Würfeln
1/2 Dose Palmenherzen
1/2 Tasse trockener Weißwein
1 Eßlöffel gehackter Kerbel

Hühnerbrühe aus Würfeln, Päckchen oder Dose bereiten. Palmenherzen abtropfen lassen, in 1 cm dicke Scheiben schneiden. Trockenen Weißwein und gehackten Kerbel mit den Palmenherzen in die Brühe geben und servieren. Mit etwas Schnittlauch bestreuen.

Gebratener Hammelrücken

1 kg Hammelrücken
2 Knoblauchzehen
Salz, Pfeffer, 2 Eßlöffel Öl
1 Zwiebel, 1 Möhre
1/4 l Fleischbrühe

Lendchen von der Unterseite des Rückens lösen, enthäuten und wieder anlegen. Rücken fest mit Garn umwickeln, Enden verknoten. Knoblauch schälen, zerreiben, mit Salz und Pfeffer mischen und das Fleisch damit einreiben. Öl im Bratentopf erhitzen, den Hammelrücken auf der Oberseite anbraten und bei 200 Grad in den Backofen geben. Zwiebel und Möhre nach 15 Minuten zum Braten geben, noch 45 Minuten braten. Fleischbrühe zum Bratensatz rühren, Soße entfetten, aufkochen, durch ein Sieb gießen. Fleisch längs vom Rücken lösen, tranchieren und wieder auf Knochen setzen. Mit verschiedenen Gemüsen umlegen.

Schnee-Eier mit Vanillesoße

2 Eiweiß, 1 Prise Salz
50 g Zucker, 3/8 l Milch
1 Päckchen Vanillinzucker
1 gestrichener Eßlöffel Speisestärke

Eiweiß mit Salz zu Schnee schlagen. Zucker unterschlagen. Milch mit Vanillinzucker erhitzen. Mit einem Eßlöffel Eiweißklöße abstechen und hineinlegen. Zugedeckt 4 Minuten ziehen lassen. Eigelb mit 4 Eßlöffel kalter Milch und Speisestärke verquirlen. Erkaltete Vanillesoße in Schüssel geben. Schnee-Eier darauflegen.

1

(Kalte Speisen)
Kaltes Roastbeef mit Remouladensoße
Artischockenherzen „Verdurette“
Gemüsesalat
Pagoden-Salat
Oliven-Champignon-Salat
Frühlingssalat
Nizzaer Salat
Eistorte

Spritziger Weißwein
und
vollmundiger Rotwein
und Bier

Kaltes Roastbeef

ca. 800 g Roastbeef
Salz, Pfeffer, 4 Eßlöffel Öl
Für die Soße:
1 Beutel Mayonnaise
1 Essiggurke, Petersilie, 1 Ei
2 Sardellen, Kapern
etwas Zwiebel
scharfer Paprika

Roastbeef salzen, pfeffern und in heißem Öl ringsum anbraten. Hitze vermindern, ca. 25 Minuten braten und das Fleisch mehrmals mit Fett übergießen. Fleisch erst nach Erkalten aufschneiden.
Für die Remouladensoße: Mayonnaise, feingehackte Essiggurke, Petersilie, gekochtes Ei, Sardellen, Kapern, feingeriebene Zwiebel und Paprika vermischen.

Artischockenherzen „Verdurette“

1/2 kg Dose spanische Artischockenherzen
1 Bund Schnittlauch
Petersilie und andere Kräuter wie Kerbel und Estragon, 2 Eier, 6 Eßl. Öl
3 Eßl. Essig, Salz, Pfeffer

Artischockenherzen mit geschnittenem Schnittlauch, gehackten Kräutern und den gekochten, in feine Würfel geschnittenen Eiern mischen und mit Öl, Essig, Salz und Pfeffer abschmecken.

Gemüsesalat

2 Tassen rohes, gewürfeltes Gemüse (Sellerie, Karotten, weiße Rüben), 1 Tasse gekochtes Gemüse (Erbsen, Brechbohnen), Champignons
Salz, Pfeffer, Streuwürze
1 Tube Mayonnaise

Rohe Gemüsewürfel in gesalzenem Wasser weichdünsten und zusammen mit dem gekochten Gemüse gut abtropfen lassen. Gemüse mit Salz, Pfeffer und Streuwürze pikant abschmecken und mit der Mayonnaise ganz vorsichtig vermischen.

Pagoden-Salat

Schinken und Hühnerfleisch in Streifen schneiden und halbierte Perlzwiebeln und Paprikastreifen dazugeben. Salat mit Mayonnaise, Ketchup und Meerrettich anmachen und mit Kirschen und Mandarinen garnieren.

150 g gekochter Schinken
150 g gekochtes Hühner-Fleisch oder Kalbsbraten
10 Perlzwiebeln, 1 rote Paprikaschote aus dem Glas
1 Tube Mayonnaise
2 Eßl. geriebener Meerrettich
2 Eßl. Tomaten Ketchup
Sauerkirschen, Mandarinen-filets

Oliven-Champignon-Salat

Oliven halbieren und mit in Scheiben geschnittenen Champignons mischen. Mit Zitronensaft, zerriebenem Knoblauch, Zwiebelwürfeln und gehackter Petersilie würzen und leicht salzen.

ca. 20 gefüllte grüne Oliven
1/8 Dose Champignons
1/2 Zitrone
1/2 Knoblauchzehe
1 kleine Zwiebel oder
2 Schalotten
Petersilie, Salz

Frühlingssalat

Wurst in Streifen, Tomaten und Gurken in Scheiben schneiden und mit der Brühe von den Essiggurken übergießen. Senf, gehackte Zwiebeln und Knoblauch untermischen und mit Pfeffer, Salz und Öl abschmekken. Salat anrichten und mit Schnittlauch und Kapern überstreuen.

250 g Fleischwurst
500 g Tomaten
2 Essiggurken
1 Teelöffel Senf
1 kleine Zwiebel
1 Knoblauchzehe
Pfeffer, Salz, 3 Eßlöffel Öl
Schnittlauch, 1 Eßl. Kapern

Nizzaer Salat

Die gekochten Kartoffeln würfeln und mit den abgetropften Bohnen, enthäuteten, entkernten und gewürfelten Tomaten, Oliven, Kapern, grobgehackten Sardellen, Zwiebelwürfeln und zerriebenem Knoblauch mischen. Den Salat mit Olivenöl, Essig, etwas Salz und Pfeffer abschmecken und mit gehackter Petersilie und Estragon bestreuen. Ausgehöhlte, gesalzene und gepfefferte Tomaten mit dem Salat füllen und mit je einer Eischeibe belegen.

4 mittelgroße Kartoffeln
1/2-kg-Dose grüne, fadenfreie Brechbohnen
5 Tomaten, 10 gefüllte Oliven, 1 Eßl. Kapern
6 bis 8 Sardellen
1 kleine Zwiebel
1 Knoblauchzehe
6 Eßlöffel Olivenöl
4 Eßlöffel Essig
Salz, Pfeffer, Estragon
8 Tomaten, 2 Eier

Eistorte

4 Eiweiß, 1/4 Zitrone
1 Prise Salz
4 gehäufte Eßlöffel Zucker
1/2 l süße Sahne
2 Päckchen Vanillinzucker
2 Likörgläser Kirschwasser oder Rum
2 gehäufte Eßlöffel Kakao

Das sauber vom Eigelb getrennte Eiweiß mit Zitronensaft und Salz zu steifem Schnee schlagen und zuletzt den Zucker unterrühren. Sahne schlagen und den Eischnee mit dem Vanillinzucker unterheben. Masse halbieren, unter eine Hälfte Kirschwasser oder Rum, unter die andere den Kakao mischen. In eine mit Papier ausgelegte Springform (Durchmesser 24 cm) beide Massen übereinander füllen und in der Tiefkühltruhe einige Stunden gefrieren lassen. Nach Belieben garnieren.

MENÜ

Herzhafter Weißwein

Rohkostgericht „Nizza" (1)
Schweinebraten mit Erbsenreis (2)
Haselnußcreme (3)

Rohkostgericht „Nizza"

Zutaten für 6 Portionen
1 Staude Stangensellerie
2 Möhren, 1/4 Blumenkohl
2 Tomaten
1 grüne Paprikaschote
50 g Margarine
4 Eßlöffel Maiskeimöl
2 Knoblauchzehen
1 Zwiebel
1 Dose Sardellenfilets

Gemüse putzen, waschen, in Streifen schneiden, auf einer großen Platte anrichten. In die Mitte der Platte ein Rechaud stellen. Fett und Öl in einer Rechaudpfanne erwärmen, Knoblauch und Zwiebel fein hacken und darin ca. 2 Minuten dünsten. Grobgehackte Sardellen zufügen. Auf dem Rechaud warm halten. Gemüse mit der Fonduegabel in die heiße Soße tauchen.

Schweinebraten mit Erbsenreis

Zutaten für 6 Portionen
750 g Schweinebraten
1 Zwiebel, 1 Möhre
1 Porreestange
1/4 Sellerie, Salz
1/4 Teelöffel zerriebener Thymian, gemahlener schwarzer Pfeffer
Edelsüß-Paprika
1/2 Tasse Rotwein

Zwiebel, Möhre, Porreestange und Sellerie putzen, grob zerkleinern. Öl in einen Bratentopf geben. Fleisch, gewürfeltes Gemüse hineingeben. Fleisch mit Salz, Thymian, schwarzem Pfeffer und Edelsüß-Paprika bestreuen. Bei 220 Grad auf der unteren Schiene 1 1/2 Stunden braten. Nach 10 Minuten mit Alufolie bedecken, nach 45 Minuten 1/2 Tasse Rotwein oder Wasser dazugießen. Soße durchseihen, Braten aufschneiden und mit Risi-Bisi (Erbsenreis) servieren.

2

3

1

Haselnußcreme

Zutaten für 6 Portionen
100 g Haselnußkerne
1 Teelöffel Pulverkaffee oder 2 bis 3 Teelöffel Kaba oder Nesquik, 250 g Quark
3 bis 4 Eßlöffel Zucker
1/4 l süße Sahne
1 Päckchen Sahnesteif
1 Likörglas Kirschwasser, Rum oder Weinbrand

Nüsse durch eine Mandelmühle drehen. Mit Pulverkaffee oder Kaba (Nesquik) mischen und mit Quark und Zucker verrühren. Sahne halbsteif schlagen, Sahnesteif hineinstreuen und ganz steif schlagen. Sahne unter die Nußcreme rühren. Mit Kirschwasser, Rum oder Weinbrand abschmecken. Creme locker in eine Glasschale füllen und kühl stellen. Dazu gibt's Gebäck und eine Tasse Kaffee oder heiße Schokolade.

MENÜ

Herzhafter, ausgeprägter Weißwein
oder samtiger Rotwein
oder
Rosé

Geflügelsuppe mit Grießklößchen (1)
Schwäbische Kalbsröllchen (2)
mit Spätzle und Feldsalat
Heidelbeerschaum (3) *(Fotos Seite 72)*

Geflügelsuppe mit Grießklößchen

1 Hähnchen in der Dose
1/2 l Fleischbrühe aus Würfeln
1/8 l Milch
50 g Butter oder Margarine
1/2 gestrichener Teelöffel Salz, Muskat
60 g Hartweizengrieß
1 Eßlöffel Petersilie oder Kerbel (fein gehackt)
1 Ei, 2 grüne Paprikaschoten
1 Zwiebel
1 Eßlöffel Butter

Hähnchen aus der Dose nehmen, enthäuten und alles Fleisch von den Knochen lösen. Haut, Knochen, das Hähnchengelee, 1/2 l Wasser und die Fleischbrühe 10 Minuten kochen. Inzwischen das Fleisch in 3 cm große Würfel schneiden. Milch mit Butter oder Margarine, Salz und Muskat aufkochen. Grieß hineinrühren, 2 Minuten quellen lassen und Petersilie oder Kerbel und das Ei darunterrühren, Paprikaschoten vierteln und entkernen, Zwiebel schälen. Beides in Streifen schneiden und in der Butter glasig dünsten. Hähnchenbrühe durch ein Sieb in einen anderen Topf gießen, Paprika- und Zwiebelstreifen hineingeben und 10 Minuten kochen. Von der Grießmasse Klößchen abstechen. In die Brühe geben. Bei schwacher Hitze ziehen lassen, bis die Klößchen oben schwimmen.

Spätzle

350 g Mehl
1 Teelöffel Salz

Mehl in eine Schüssel sieben, mit Salz, Muskat, Eiern und warmem Wasser zu einem Teig rühren. 15 Minuten ruhen lassen. Ein befeuchtetes Brett dünn mit Spätzleteig bestreichen, mit Palette oder Teigschaber dünne Streifen in kochendes Wasser schaben. Ziehen lassen, bis Spätzle oben schwimmen. Mit dem Schaumlöffel herausnehmen und in eine Schüssel geben.

1 Prise Muskat, 4 Eier
ca. 1/4 l warmes Wasser

Schwäbische Kalbsröllchen mit Spätzle und Feldsalat

Eier hartkochen, schälen und vierteln. Kalbsschnitzel klopfen und würzen. Die rohe Bratwurstmasse mit Sahne und Muskat verrühren, Schnitzel damit dünn bestreichen. Kalbsschnitzel mit je einem Eiviertel belegen. Fleisch aufrollen und mit Holzspießen gut feststecken. Die frischen Champignons putzen, waschen und in feine Scheiben schneiden. Zwiebel schälen und fein hacken. Kalbsröllchen ringsrum anbraten, herausnehmen. Speckwürfel auslassen und feingehackte Zwiebelwürfel darin hellgelb braten. Tomatenmark dazugeben. 1 Minute rühren. Mit Mehl überstäuben, bräunen und mit Weißwein und Brühe aufkochen. Kalbsröllchen und Champignons darin zugedeckt 50 Minuten schmoren. Kalbsröllchen in einer Schüssel anrichten. Soße mit etwas Sahne verrühren, abschmekken und über das Fleisch gießen. Dazu sind Spätzle und Feldsalat eine ausgezeichnete Ergänzung.

2 Eier
8 dünne Kalbsschnitzel
à 50 g, Salz
gemahlener weißer Pfeffer
1 Paar rohe Bratwürste
4 Eßlöffel süße Sahne
etwas Muskat
250 g frische Champignons
1 Zwiebel, 1 Eßlöffel Öl
25 g Räucherspeckwürfel
1 Teelöffel Tomatenmark
2 gehäufte Teelöffel Mehl
1/8 l Weißwein
1/4 l Brühe

Heidelbeerschaum

Die gefrosteten Heidelbeeren mit der Tasse Wasser und dem Zucker 2 Minuten kochen. Heidelbeeren durchpassieren. 1 Päckchen feine Grießspeise (ausreichend für 1/2 l Milch) einrühren. 2 Minuten kochen. in eine Schüssel geben. Saft 1/2 Zitrone beifügen, mit einem Rührgerät etwa 10 Minuten schlagen.

Tip: Wenn Sie die im Handel erhältliche Grießspeise nicht im Haus haben, hilft auch ein gehäufter Eßlöffel Hartweizengrieß.

1 Päckchen gefrostete
Heidelbeeren (225 g)
1 Tasse Wasser
3 gehäufte Eßlöffel Zucker
1 Päckchen feine Grießspeise
Saft 1/2 Zitrone

2

3

1

Rezepte
Seite 74/75

Rassiger, eleganter Weißwein

Geräucherte Forellenfilets (1)
Truthahn-Rollbraten mit (2)
Mais-Tomaten und Feigen
Ananas „Surprise“ (3)
(Fotos Seite 73)

Geräucherte Forellenfilets

4 geräucherte Forellen
1 Grapefruit
1 Becher geriebener Meerrettich, 2 Eßlöffel Joghurt
Saft 1/4 Zitrone
1 hartgekochtes Ei
Tomatenschnitze
1 Zitrone, Kaviar

Die geräucherten Forellen entgräten und enthäuten. Grapefruit einschneiden, auspressen und mit der Mischung von geriebenem Meerrettich, Joghurt und Zitronensaft füllen. Auf die Platte geben, Filets darumlegen und mit Scheiben von gekochtem Ei, Tomatenschnitzen und Zitronenscheiben garnieren. Auf die Zitronenscheiben noch je einen Teelöffel Kaviar setzen. Dazu Toast und Butter reichen.

Truthahn-Rollbraten mit Mais-Tomaten und Feigen

1 kg roher Truthahn-Rollbraten oder Truthahn-Oberkeulen (aus der Tiefkühltruhe)
4 Eßlöffel Öl
1 gestrichener Teelöffel milder Paprika, Salz, etwas Rotwein
etwas Fleischbrühe aus Würfeln
8 Tomaten
1/2 Dose Maiskörner
1/3 Teelöffel scharfer Paprika
1/8 l saure Sahne
2 gestrichene Teelöffel Speisestärke
1/2 Dose Feigen in Sirup
1/2 Glas Weißwein

Fleisch nach Vorschrift auftauen. 2 Eßlöffel Öl mit Paprika und Salz verrühren, Braten darin wälzen. Das übrige Öl in einer passenden Bratpfanne erhitzen, Braten hineinlegen und rundherum braun anbraten. Bei 200 Grad im vorgeheizten Backofen etwa 1 3/4 Stunden braten. Nach der halben Bratzeit mit einem Stück Alufolie zudecken und während der ganzen Zeit ab und zu mit dem Bratfett übergießen. Nach 3/4 Stunden den Rotwein dazugießen. Den fertigen Braten aus dem Topf heben, auf ein Tranchierbrett legen, zudecken, 10 Minuten stehen lassen und dann erst in Scheiben schneiden. Inzwischen etwas Fleischbrühe und Rotwein zum Bratensatz gießen und durchkochen. Den Tomaten ein Deckelchen abschneiden und das Innere herauslösen. Mit etwas Wasser in eine Pfanne setzen, 3 Minuten dünsten und dann leicht salzen. Maiskörner und Paprika zusammen erhitzen, Sahne mit Speisestärke verquirlen, dazurühren und aufkochen. Maisgemüse in die Tomaten füllen. Feigen mit Weißwein erhitzen. Alle hübsch anrichten. Soße durch ein Sieb in die Sauciere gießen. Dazu Pommes frites oder Kartoffelbrei servieren.

Ananas „Surprise"

Ananas längs durchschneiden. Fruchtfleisch herausschälen. Schalen in den Kühlschrank legen. Fruchtfleisch in feine Streifen schneiden und dabei alles Harte wegschneiden. Ananasstreifen mit der Konfitüre verrühren, mit Rum abschmecken und in einen Glaskrug geben. Ananashälften mit Eiscreme füllen und 1 Stunde ins Tiefkühlfach legen. Eiweiß mit Salz steifschlagen, Zucker hinzufügen und weiterschlagen. Den Eischnee auf die gefüllten Ananas häufen, die Eiscreme dabei ganz umhüllen, mit Puderzucker bestäuben und bei 250 Grad goldgelb überbacken. Sofort servieren.

1 frische Ananas
1/2 Glas Kirsch-Konfitüre
1 Likörglas Rum
1 Haushaltspackung Eiscreme (Vanille-, Erdbeer- oder Kirschgeschmack)
3 Eiweiß, 1 Prise Salz
75 g Zucker
etwas Puderzucker

MENÜ

Herzhafter Weißwein

Schinkenrollen mit Palmenmark
Silvester-Karpfen auf ungarische Art
Orangensoufflé

Schinkenrollen mit Palmenmark

Eine Dose Palmenmark öffnen, ohne Flüssigkeit in eine Schüssel geben. Mit Öl, Knoblauchpulver und Cayennepfeffer würzen. In die Scheiben vom gekochten Schinken einrollen, mit Eischeiben, Gürkchen und Oliven garnieren.

1 Dose (ca. 500 g) Palmenmark
Öl, Knoblauchpulver
Cayennepfeffer
8 Scheiben gekochter Schinken

Silvester-Karpfen auf ungarische Art

1 Karpfen, etwa 1200 g
Saft 1 Zitrone, Salz
150 g durchwachsener Speck
2 Zwiebeln
1/8 l Fleischbrühe
gemahlener schwarzer Pfeffer
1/4 l saure Sahne
1 Eßlöffel Edelsüß-Paprika

Karpfen ausnehmen. Waschen, innen und außen mit Zitronensaft beträufeln und salzen. Räucherspeck in Streifen, Zwiebel in Würfel schneiden. Speck im Bratentopf anbraten, Zwiebelwürfel gelb werden lassen und Karpfen hineingeben. Fleischbrühe zugießen, Fisch pfeffern. Zugedeckt im Backofen bei 180 Grad 30 Minuten garen. Danach Deckel vom Topf nehmen. Sahne mit Paprika verrühren, unter die Soße mischen und Fisch mit der Soße einige Male übergießen. Noch 10 Minuten braten. Mit gerösteten Kartoffeln servieren.

Orangensoufflé

4 Eier, 100 g Zucker
1 Vanilleschote
30 g Mehl
1/4 l Milch, 25 g Butter
4 Likörgläser Orangenlikör
8–10 Löffelbiskuits
Puderzucker

Eigelb und Zucker in einer Schüssel schaumig rühren. Das Mark der Vanillestange zur Eigelbcreme geben und Mehl daruntermischen. Inzwischen Milch aufkochen, vom Feuer nehmen und in die Schaummasse rühren. Wieder in den Topf schütten und unter ständigem Rühren einmal aufkochen. Butter und 2 Likörgläser Orangenlikör dazugeben. Den restlichen Likör auf die Löffelbiskuits gießen. Eiweiß mit 1 Prise Salz zu steifem Schnee schlagen und vorsichtig unter die warme Creme heben. Eine feuerfeste Form einfetten, mit Zucker ausstreuen und etwa die Hälfte der Creme einfüllen. Löffelbiskuits darauflegen und die restliche Creme daraufgeben. Bei 180 Grad auf der Mittelschiene des vorgeheizten Backofens 25 Min. backen. Herausnehmen und mit viel Puderzucker bestäuben.

MENÜ

Bier	*Kressesuppe (1)*
oder	*Warmes Kasseler mit (2)*
süffiger Weißwein	*buntem Kartoffelsalat*
	Rum-Bananen (3)

2

1

3

Kressesuppe

125 g Kresse
1/8 l süße Sahne, 1 Eigelb
1 Päckchen Kalbfleischsuppe
etwas Muskat

Kresse waschen, mit der Sahne und dem Eigelb im Mixer fein zerkleinern. Kalbfleischsuppe nach Vorschrift mit 3/4 l Wasser zubereiten. Kresse in die fertige Suppe einrühren, erhitzen, aber nicht kochen lassen. Mit Muskat würzen.

Warmes Kasseler mit buntem Kartoffelsalat

1 kg Kasseler Rippchen
1 Zwiebel, 2 Nelken
1 Lorbeerblatt
1/2 Teelöffel Wacholderbeeren, 1/2 Teel.
Kümmel, 1 Becher
geriebener Meerrettich
Für den Salat:
750 g Pellkartoffeln
4 Essiggurken, 1 Zwiebel
2 hartgekochte Eier
2 Teel. Senf, Essig, Salz
Pfeffer, 1 Becher Joghurt

Kasseler Rippchen in kochendes Wasser legen. Zwiebel mit Nelken und Lorbeerblatt spicken, mit Wacholderbeeren und Kümmel zu den Rippchen geben. Topf zudecken und das Kasseler etwa 40 Minuten gar ziehen lassen, nicht kochen. Für den Salat die geschälten Kartoffeln und Essiggurken in Scheiben schneiden. Zwiebel schälen und fein hacken. Eier schälen und in grobe Würfel schneiden. Zutaten mischen und alles mit den Gewürzen und Joghurt sehr pikant anmachen.

Rum-Bananen

4 Bananen
4 Eßlöffel Aprikosenmarmelade
2 Likörgläser Rum
geriebene Schokolade
Maraschinokirschen

Von den Bananen die Hälfte der Schale der Länge nach entfernen. Bananen herauslösen, in schräge Scheiben schneiden. Aprikosenmarmelade mit dem Rum verrühren, in die Bananenhälften füllen. Bananenscheiben daraufsetzen. Alles mit geriebener Schokolade bestreuen, mit Maraschinokirschen belegen.

Fruchtiger, süffiger Weißwein

Frittatensuppe
Wiener Backhähnchen mit
Salatherzen in Kräutersahne
Ananas auf Vanille-Eis mit
heißer Kirschsoße

Frittatensuppe

In einer Schüssel Mehl mit Milch verrühren. Ei darunterschlagen, so daß ein dünner Pfannkuchenteig entsteht. Salzen und 30 Minuten stehen lassen. Butter in einer kleinen Pfanne zerlassen, hauchdünne Pfannkuchen backen und zum Auskühlen einzeln auf ein Backbrett legen. Die Pfannkuchen dürfen dabei ruhig etwas trocken werden. Fleischbrühe erhitzen. Pfannkuchen in Quadrate schneiden und in eine Suppenterrine geben. Danach mit heißer Brühe auffüllen.

3 gehäufte Eßlöffel Mehl
1/4 l Milch, 1 Ei
1 Prise Salz, Butter
1 1/4 l kräftige Fleisch- oder Knochenbrühe

Wiener Backhähnchen

Hähnchen auftauen, vierteln, auslösen. Fleisch mit Salz und Pfeffer würzen, einige Minuten stehen lassen, in Mehl wenden, in verquirltes Ei tauchen und mit Semmelbröseln, vermischt mit Paprika, dick panieren. Backfett auf 175 Grad erhitzen, die Hähnchen darin ca. 15 Minuten backen. Hähnchenteile abtropfen lassen, auf Papierserviette anrichten. Dazu Pommes frites.

2 tiefgekühlte Hähnchen (à 750 g)
Salz, Pfeffer, Mehl
1 bis 2 Eier, Semmelbrösel
1/2 Teelöffel milder Paprika
Backfett

Salatherzen in Kräutersahne

Sahne mit Zitronensaft und Orangensaft verrühren. Mit gehackten Kräutern, Salz, Zucker, frisch gemahlenem Pfeffer und Senf abschmecken. Von den Salatköpfen grüne Blätter entfernen. Salatherzen waschen, gut abtropfen lassen, anrichten und reichlich mit der Salatsoße übergießen.

1/8 l saure Sahne
Saft von 1 Zitrone und 1/2 Orange
1 Eßlöffel gehackte Kräuter (Petersilie, Kerbel, Estragon, Dill), Salz und Zucker
schwarzer Pfeffer
Senf nach Belieben
2 Köpfe Salat

Ananas auf Vanille-Eis mit heißer Kirschsoße

1 Dose Sauerkirschen
1 bis 2 Eßlöffel Zucker
1 bis 2 Teelöffel Speisestärke
2 Likörgläser Kirschwasser
4 Scheiben Ananas
8 Kugeln Vanille-Eiscreme

Saft von den Sauerkirschen abgießen. Mit Zucker aufkochen und die mit etwas kaltem Wasser angerührte Speisestärke untermischen. Die Soße kurz aufkochen lassen, Kirschwasser und Kirschen dazugeben, Ananas auf Vanille-Eiscreme anrichten und mit der heißen Soße umgießen. Sofort servieren.

MENÜ

Herzhafter, ausgeprägter Rotwein

Klare Fleischbrühe mit Käsebiskuits (1)
Kalbshaxe mit Gemüsen (2)
und Kartoffelnestchen
Weingelee (3)

Klare Fleischbrühe mit Käsebiskuits

2 Eier, 1 Prise Salz
2 Eßlöffel Mehl
1 Löffelspitze Backpulver
50 g geriebener Käse
Paprika
1 l klare Fleischbrühe

Eiweiß mit Salz steifschlagen. Mehl mit Backpulver und geriebenem Käse (1 Eßlöffel Reibkäse zurückbehalten) mischen. Eigelb und Mehlgemisch unter den Eischnee ziehen. Ein Backblech mit Pergamentpapier belegen und den Teig 1/2 cm dick daraufstreichen. Mit Paprika und Käse bestreuen und bei 220 Grad im vorgeheizten Backofen rechtzeitig 10 Minuten goldgelb backen.

Kalbshaxe mit Gemüsen und Kartoffelnestchen

1 Kalbshaxe (ca. 1,5 kg)
Salz, Pfeffer
1 Zwiebel, 1 Möhre
2 Eßlöffel Öl
1 Eßlöffel Tomatenmark
1 Löffelspitze Basilikum

Haxe salzen und pfeffern. Öl in einem Bratentopf erhitzen, Haxe einlegen und im vorgeheizten Backofen bei 200 Grad 25 Minuten braten. Zwiebel und Möhre würfeln, zugeben, Deckel halb auflegen und gut 1 Stunde weiterbraten. Zweimal wenden, danach her-

2

3

1

oder Estragon
1 gestrichener Teelöffel Speisestärke
750 g junge grüne Bohnen
2 Eßlöffel Butter
4 Tomaten
1/2 Dose Pariser Karotten
1 Teelöffel Zucker
300 g gefrostete grüne Erbsen, 1/2 Bund Kerbel

ausnehmen. Zuletzt Tomatenmark, Basilikum und eine Tasse Wasser hinzufügen, aufkochen. Mit Speisestärke binden. Soße durchseihen. Bohnen in Salzwasser kochen, abgießen und mit etwas brauner Butter übergießen. Tomaten oben kreuzweise einschneiden, ölen, salzen und grillen. Karotten und Erbsen erhitzen, abgießen, mit etwas frischer Butter, Salz und Zucker abschmecken. Karotten zusätzlich mit feingehacktem Kerbel bestreuen. Kalbshaxe auf einer Platte anrichten und mit den verschiedenen Gemüsen umlegen. Dabei die Möhren und Erbsen in vorher zubereitete heiße Kartoffelnestchen füllen.

Weingelee

1/4 l Fruchtsaft
1/8 l Weißwein
etwas Zitronensaft
Vanillinzucker
2 Gläser Fruchtlikör
6 Blatt helle Gelatine

Fruchtsaft, Weißwein, etwas Zitronensaft, Vanillinzucker, Fruchtlikör und Gelatine in kaltem Wasser einweichen, ausdrücken und in etwas kochendheißem Saft auflösen. Übrige Zutaten dazugeben und mit oder ohne Früchte in Gläser verteilen. Fest werden lassen.

MENÜ

	Grapefruits „Camarones"
Rosé	*Garnierter Lendenbraten*
Sekt	*Schokoladencreme*
	(Foto auf dem Buchtitel)

Grapefruits „Camarones"

4 Grapefruits
250 g Shrimps, tiefgekühlt oder aus der Dose
1/2 Dose geschnittene Champignons
3 Eßlöffel Tomatenketchup
3 Eßlöffel Chilisoße
1 gehäufter Eßlöffel geriebener Meerrettich
Saft 1/4 Zitrone
2 Eßlöffel Mayonnaise

Von Grapefruits Deckel abschneiden und Zacken ausschneiden. Früchte auspressen, Bindehäute herausnehmen. Gefrostete Shrimps nach Vorschrift auftauen, Shrimps aus der Dose abtropfen lassen. Mit abgetropften Champignons mischen. In Grapefruits füllen. Soße aus Ketchup, Chilisoße, Meerrettich, Zitronensaft und Mayonnaise mischen und Shrimps damit übergießen. Mit Toast und Butter reichen.

Garnierter Lendenbraten

Rinderlende enthäuten (nach Wunsch mit Speckstreifen spicken), mit Salz und Pfeffer würzen. Öl in Bratpfanne im Backofen erhitzen, Rinderlende darin ringsum anbraten und in 25 bis 30 Minuten bei 225 Grad fertigbraten. Nach 10 Minuten gewürfelte Zwiebel zugeben. Gegartes Filet herausnehmen und 10 Minuten warm stellen. Bratensatz mit Brühe ablöschen, mit Speisestärke, verrührt mit Weißwein, binden und durchseihen. Soße abschmecken und nach Wunsch 2 Eßlöffel frische Sahne unterrühren. Filet tranchieren, auf Platte legen und mit Gemüse garnieren. Pommes frites oder Kartoffelkroketten getrennt dazu reichen.

750 g Rinderlende
Salz, Pfeffer
2 Eßlöffel Öl, 1 Zwiebel
1 Eßlöffel Butter
1/4 l Geflügelbrühe
aus Würfel
1 Teelöffel Speisestärke
3 Eßlöffel Weißwein

Schokoladencreme

Eigelb mit Zucker verrühren, Schokolade, Kakao, Pulverkaffee und Zimt zugeben, die heiße Milch beifügen und diese Masse im kochenden Wasserbad ca. 2 bis 3 Minuten schlagen. In kaltem Wasser eingeweichte Gelatine gut ausdrücken und in die heiße Creme geben. Creme kalt stellen und vor dem Stocken die geschlagene, mit Vanillinzucker gesüßte Sahne unterheben und zuletzt mit Rum oder Weinbrand abschmecken. Schokoladencreme in kalt ausgespülte Gläser oder in eine Schüssel füllen und ca. 1 bis 2 Stunden kalt stellen. Nach Belieben mit kandierten Kirschen garnieren.

4 Eigelb, 2 Eßlöffel Zucker
1/2 Tafel grob zerkleinerte
Schokolade
1 Eßlöffel Kakao
1 Teelöffel Pulverkaffee
1 Prise Zimt
1/4 l Milch
4 Blatt helle Gelatine
1/4 l süße Sahne
1 Päckchen Vanillinzucker
1 bis 2 Likörgläser
Rum oder Weinbrand

Fruchtiger Weißwein	*Avocados mit Krabbensalat (1)*
Feuriger, voller Rotwein	*Mixed-Grill mit Kräuterbutter (2) und Strohkartoffeln*
	Melonen-Kaltschale (3)

Avocados mit Krabbensalat

2 Avocados, 75 g Krabben
75 g Hummerfleisch
Zitronensaft, Öl, Salz
Pfeffer
1 Beutel Mayonnaise
1 Teelöffel Senf
1 Teelöffel geriebener Meerrettich
2 Eßlöffel geschlagene Sahne
1 Eßlöffel Tomatenketchup
1 Eßlöffel Sherry

Avocados längs halbieren. Kern herausnehmen. Fleisch bis auf einen schmalen Rand aushöhlen. Würfeln und mit Krabben und gewürfeltem Hummerfleisch mischen. Mit Zitronensaft, Öl, Salz und Pfeffer marinieren. Kalt stellen. Die Mayonnaise mit Senf, Meerrettich, Sahne und Tomatenketchup mischen. Mit Sherry abschmecken. Mit der Hummer-Krabben-Masse mischen und die Avocados damit füllen.

Mixed-Grill mit Kräuterbutter und Strohkartoffeln

50 g Butter
1/2 Bund Petersilie
Kerbel oder Kresse
1/2 Teelöffel Zitronensaft
Salz, gemahlener schwarzer Pfeffer
4 Scheiben Rinderfilet à 75 g
4 Scheiben Kalbs- oder Schweinefilet à 75 g
4 Scheiben Kalbs- oder Rindernieren
2 Frankfurter Würstchen oder Wiener Würstchen
2 Scheiben Frühstücksspeck
Für die Strohkartoffeln:
4 große Kartoffeln
Backfett, Salz

Butter verrühren, Kräuter waschen, abtropfen lassen und fein hacken. Mit Zitronensaft, Salz, Pfeffer und Butter mischen. In Papier rollen und ins Gefrierfach legen. Fleisch und Nieren mit Pfeffer würzen. Würstchen und Speckscheiben halbieren. Grillpfanne erhitzen und Speckscheiben darin 1/2 Minute grillen. Kalbslendchen und Würstchen 4 Minuten darin grillen, warm stellen. Filetscheiben und Kalbsnieren hineinlegen und ebenfalls 4 Minuten grillen. Dann leicht salzen und sofort servieren. In Scheiben geschnittene Kräuterbutter dazu reichen.

Für die Strohkartoffeln: Kartoffeln schälen, mit der Schneidemaschine in 2 mm dicke Scheiben schneiden. Auf dem Brett in lange Streifen schneiden. Waschen, abgießen, abtropfen lassen. In Fett knusprig ausbacken.

2

3

Melonen-Kaltschale

1 bis 2 Melonen (Netz-, Honig- oder Wassermelonen)
1/2 l Rotwein
2 Eßlöffel Sago
4 bis 5 Eßlöffel Zucker
Saft von 2 Zitronen
1 kleine Flasche Mineralwasser

Rotwein, Sago und Zucker aufkochen, 10 Minuten ziehen lassen und kalt stellen. Melonen halbieren, entkernen und so viele Kügelchen ausstechen, bis 2 Tassen gefüllt sind. Übriges Fruchtfleisch durch ein Sieb streichen oder im Mixer pürieren. Melonenpüree, Zitronensaft und Mineralwasser in die abgekühlte Weinsuppe rühren. Melonenkügelchen hinzufügen. Kaltschale abschmecken und in hübschen Glasschälchen oder tiefen Tellern servieren.

MENÜ

Süffiger Weißwein

Gefüllte Eier zu Räucherlachs und Kaviar
Masthahn in Weißweinsoße
Erdbeeren in Burgunder

Gefüllte Eier zu Räucherlachs und Kaviar

6 Eier
1 Eßlöffel Tomatenmark
1 Eßlöffel Butter
etwas Zwiebel- und Knoblauchpulver
1 Eßlöffel Mayonnaise
1 Eßlöffel frische, feingehackte rote und grüne Paprikaschoten
1/2 Eßlöffel Petersilie
etwa 10 Scheiben Räucherlachs
1 Gläschen Kaviar

Eier in warmes Wasser legen, aufsetzen und 8 Minuten kochen. Eier abschrecken, schälen, der Länge nach durchschneiden und Eigelb herauslösen. Das Eigelb von 3 Eiern mit Tomatenmark, weicher Butter und etwas Zwiebel- und Knoblauchpulver sahnig rühren, das Eigelb der übrigen Eier mit Mayonnaise sahnig rühren und dann gehackte Paprikaschote und feingewiegte Petersilie daruntermischen. Die Eigelbcremes in die Eiweißhälften spritzen und auf eine Platte legen. Dazu die Räucherlachsscheiben, die mit Kaviar und Zwiebelringen garniert werden. Mit Butterröllchen und mit Toast servieren.

Masthahn in Weißweinsoße

Masthahn in vier Teile schneiden (2 Brüste und Keulen) und mit Salz und Pfeffer einreiben. In einer Kasserolle Butter und Öl erhitzen, die Hähnchenteile einlegen, auf beiden Seiten in etwa 5 Minuten hell anbraten und herausheben. Schalotten schälen und hacken, Speck fein würfeln. Beides in die Kasserolle geben und unter Rühren glasig braten. Knoblauch zerreiben und zufügen, Cognac zugießen und anzünden. Nach Erlöschen der Flamme Mehl darüberstäuben und gelb werden lassen. Mit Wein auffüllen, Geflügel, Fleischextrakt, Lorbeerblatt und Thymian zugeben und etwa 40 Minuten dünsten. Geflügel herausheben und warm stellen. Sahne zur Soße gießen, bei offenem Topf noch 4-5 Minuten weiterkochen. Champignons waschen, in Scheiben schneiden. Butter erhitzen, Champignons darin 2 Minuten braten, salzen und pfeffern. Geflügelteile und Champignons in die Soße geben und etwa 4 Minuten kochen.

1 bratfertiger Masthahn von etwa 1,5 kg
Salz, Pfeffer, 75 g Butter
4 Eßlöffel Öl
6 Schalotten
100 g Räucherspeck
2 Knoblauchzehen
1/2 Weinglas Cognac oder alter Weinbrand
1 gehäufter Eßlöffel Mehl
1 Flasche Elsässer Riesling
2 Teelöffel Fleischextrakt
1/2 Lorbeerblatt
1 Zweig Thymian
1/4 l süße Sahne
250 g frische Champignons
1 Eßlöffel Butter
Salz, Pfeffer

Erdbeeren in Burgunder

Erdbeeren einzeln am Stiel fassen und kurz durch kaltes Wasser ziehen. Dann vorsichtig entstielen und in 4 Gläser verteilen. Je 1 Teelöffel Puderzucker darüberstreuen, mit Klarsichtfolie zudecken und etwa 1 Sunde kalt stellen. Roten Burgunder oder Sekt gut kühlen. Die Gläser auf ein Tablett stellen und die Erdbeeren mit rotem Burgunder oder Sekt übergießen. Dann sofort servieren und dazu Löffelbiskuits reichen.

500 g frische Erdbeeren
4 Teelöffel Puderzucker
1 Flasche roter Burgunder oder roter Sekt

Herzhafter Weißwein oder leichter Rotwein oder Rosé	*Maissuppe (1)* *Garnierte Schweinskrone (2)* *Flambierte Aprikosen (3)*

Maissuppe

1 Zwiebel, 1 Möhre
2 mittelgroße Kartoffeln
1 grüne Paprikaschote
100 g durchwachsener Räucherspeck
1 Eßlöffel Mehl
Extrakt für 1/2 l Fleischbrühe
1 Dose Maiskörner (ca. 300 g)
1/4 l Milch, weißer Pfeffer
1 Eßlöffel gehackte Petersilie

Zwiebel, Möhre und Kartoffeln schälen, Paprikaschote vierteln, entkernen. Diese Zutaten und den Speck in 1/2 cm große Würfel schneiden. Speck anbraten, das gewürfelte Gemüse 3 Minuten darin dünsten, mit Mehl bestäuben und dann 3/4 l Wasser und den Extrakt für Fleischbrühe dazugeben. Suppe 25 Minuten kochen. Dann Maiskörner mit Flüssigkeit und die Milch zur Suppe geben. Erhitzen, nicht kochen! Mit Pfeffer und gehackter Petersilie bestreuen. Dazu Pariser Brot reichen.

Garnierte Schweinskrone

1 Kotelettstück vom mageren Schwein mit 10 bis 12 Rippen (lassen Sie die Rückgratknochen vom Metzger entfernen)
2 Teelöffel Salbei
1 Teelöffel Thymian
1/2 Teelöffel gemahlener Kümmel
etwas Salz
gemahlener schwarzer Pfeffer
3 Eßlöffel Öl, 1 Zwiebel
1 Möhre, 1/4 l Weißwein
1/8 l süße Sahne
1 gehäufter Teelöffel Speisestärke

Stielknochen des Koteletts drei bis vier Zentimeter vom Fleisch freilegen. Fleisch mit Gewürzen einreiben, einölen. Kotelettstück mit der Hautseite nach außen zu einer Krone formen und mit einem Bindfaden zusammennähen. In die Fettpfanne legen und rundherum Möhren und Zwiebelwürfel verteilen. Bei 200 Grad im vorgeheizten Backofen etwa 90 Minuten lang braten. Braten herausnehmen, Bratensatz mit Weißwein durchkochen und durchseihen. Sahne mit Speisestärke verquirlen und Soße damit binden. Schweinskrone anrichten. Nach Wunsch die herausragenden Knochen mit Weintrauben oder Kirschen bestecken. Wo die Knochen zu kurz sind, können Sie einen halben Zahnstocher als Kronenzacke verwenden. Schweinskrone am Tisch tranchieren. Als Beilagen eignen sich: Kartoffelpüree, Rotkohl, mit Preiselbeeren gefüllte Birnenhälften, gemischte Salatplatte, Rosenkohl, Champignons, grüne Bohnen, Möhren, Erbsen, Kartoffelkroketten, Apfelkompott.

Flambierte Aprikosen

750 g reife, feste Aprikosen
1 Eßlöffel Butter
1 Teelöffel Zucker
3 Eßlöffel Aprikosenmarmelade
1/2 Weinglas Weinbrand
1/8 l Weißwein
8 Kugeln Vanille-Eiscreme

Aprikosen waschen, abtrocknen, halbieren und entkernen. Eine emaillierte Pfanne oder Kupferpfanne auf ein brennendes Rechaud stellen und erhitzen. Butter und Zucker hineingeben und gelb werden lassen. Aprikosen und Aprikosenmarmelade hinzufügen und 1 Minute dünsten. Mit Weinbrand übergießen, anzünden und verlöschen lassen. Weißwein zugießen und die Aprikosen noch 3 bis 4 Minuten kochen. Vanille-Eiscreme in 4 Gläser verteilen, die heißen Aprikosen darübergeben, sofort servieren.

Tip: Herb-würzig werden die Aprikosen, wenn Sie einige aufgeschlagene Aprikosenkerne mitkochen.

MENÜ

Bier

Spargel-Cocktail „Frühlingsabend" (1)
Japanisches Pfannengericht (2)
(Sukiyaki)
Pfirsiche mit Brombeersoße (3)
(Fotos Seite 92)

Spargel-Cocktail „Frühlingsabend"

Zutaten für 2 Portionen
300 g frischer Spargel, Salz
Zucker, 1 kleines Päckchen tiefgekühlte Krabben oder Shrimps
4 Eßlöffel Sahne
3 Eßlöffel Tomatenketchup
1 Spritzer Weinbrand
1 Eßlöffel Zitronensaft
scharfer Paprika oder Cayennepfeffer
1 Scheibe Ananas
1 hartgekochtes Ei
2 Salatblätter

Spargel schälen, in 5 cm lange Stücke schneiden. Knapp mit Wasser bedeckt und mit Salz und etwas Zucker gewürzt in etwa 25 Minuten gar kochen. Abgießen und abtropfen lassen. Inzwischen Krabben oder Shrimps auftauen lassen. Sahne steif schlagen, mit Tomatenketchup mischen, mit Weinbrand, Zitronensaft und scharfem Paprika oder Cayennepfeffer abschmecken. Gewaschene Salatblätter in zwei gut gekühlte Cocktailgläser legen und Spargel, Krabben oder Shrimps und Ananasstückchen hineingeben. Soße darübergeben. Cocktail mit Eisstückchen garnieren. Mit knusprig geröstetem Toast und Sahnebutter servieren.

Japanisches Pfannengericht (Sukiyaki)

Zutaten für 2 Portionen
190 g Rinderlende
190 g Kalbslende
1/2 kg frisches Gemüse (zum Beispiel 1 Karotte, 1 Zwiebel, 1/2 Kopf Blumenkohl, 1/4 Kopf Weißkohl, 1 Gourgette oder Zucchini, Borretschblätter und Zwiebelröhren)
25 g Butter, Zucker
Sojasoße
1/4 Tasse Rotwein oder Sherry
Eier, Salz, Pfeffer

Vorbereitung in der Küche: Fleisch enthäuten, entsehnen und entfetten. In 1/2 cm dicke Scheiben schneiden, auf einer Platte anrichten und mit Folie zudecken. Gemüse putzen, waschen und in dünne Streifen schneiden. Auf einer Platte anrichten und zudecken. Butter mit einem Buntmesser in Scheiben schneiden und auf einen Glasteller legen. Reis kochen, den Tisch hübsch decken, die vorbereiteten Zutaten und für jeden Gast 1 Bierglas, einen tiefen Teller oder eine Suppentasse mit 1 Gabel aufdecken. Dazu ein Rechaud mit Pfanne und großer Gabel, Zucker, Sojasoße, Rotwein oder Sherry, Eier, Salz und Pfeffer. Kühles Bier bereitstellen und den Reis anrichten.
Und nun beginnt das Kochen am Tisch: Pfanne erhitzen, Butter darin zerlassen, 1 Teelöffel Zucker dazurühren und gelblich schwitzen. Mit 1/4 Tasse Sojasoße und Rotwein oder Sherry ablöschen und die Hälfte des Gemüses hineingeben. 4 Minuten kochen und dabei öfter umrühren. Gemüse an den Rand schieben, die Hälfte der Fleischstücke in die Mitte geben, kurz aufkochen und mit Salz und Pfeffer würzen. Auf jeden Teller ein Eigelb geben (beim Tischdecken an Schüsselchen für Eischalen und Eiweiß denken!). Das gegarte Gemüse und Fleisch auf die Teller füllen und gut mit dem Eigelb vermischen. – Noch typischer wird dieses asiatische Festmahl, wenn Sie auch Wasserkastanien, Bohnenkeime, Bambussprossen und Pilze dafür verwenden und statt Reis gekochte Glasnudeln nehmen, die in der Pfanne mit Gemüse und Fleisch vermischt werden.

1

3 Rezepte Seite 90/91

Rezepte
Seite 94/95

Pfirsiche mit Brombeersoße

Zutaten für 2 Portionen
2 frische Pfirsiche
1 gehäufter Eßlöffel Zucker
1 Päckchen Vanillinzucker
60 g Brombeeren
1 Likörglas roter Fruchtlikör
Rum, Kirschwasser oder
Weinbrand
Saft 1/2 Zitrone
1/16 l süße Sahne
1/4 Beutel blättrig
geschnittene Mandeln

Pfirsiche in heißes Wasser tauchen, abziehen, halbieren und entkernen. 1 Tasse Wasser, Zucker und Vanillinzucker im flachen Topf erhitzen, Pfirsiche darin 5 Minuten dünsten. Herausnehmen und die Brombeeren darin kurz aufkochen. Soße abkühlen lassen und mit Likör, Rum, Kirschwasser oder Weinbrand und etwas Zitronensaft abschmecken. Pfirsiche mit der Schnittfläche nach oben in eine Glasschüssel legen. Sahne schlagen, mit etwas Zucker süßen und in die Pfirsiche spritzen. Mit gerösteten Mandeln bestreuen und die Brombeersoße dazu servieren.

MENÜ

Rassiger, eleganter Weißwein

Langustensalat
Gefüllte Kalbslendchen,
Kartoffelringe, Gemüsebeilage
Champagner-Sorbet
(Fotos Seite 93)

Langustensalat

1 Dose Langustenfleisch
(auch Hummer oder
Krabben)
1 Packung Gemüsesalat
etwas scharfer Paprika
2 Teelöffel Tomatenketchup
Salatblätter, Zitrone
Toast, Butter

Langustenfleisch zerkleinern, unter den Gemüsesalat mischen, mit Paprika und Ketchup abschmecken und auf Salatblättern in Glasschalen anrichten. Mit Zitronenscheiben garnieren, mit knusprigem Toast und Butter servieren.

Gefüllte Kalbslendchen

Lende enthäuten, in 8 Stücke schneiden, leicht klopfen und je eine Tasche einschneiden. Bratwurstfleisch mit in Scheiben geschnittenen Champignons und Weinbrand mischen. Lendchen damit füllen und die Öffnungen mit je einem Holzspieß schließen. Lendchen würzen, in Mehl und Ei wenden, mit Mandeln und Paniermehl umhüllen. Im Fett auf beiden Seiten in ca. 15 Minuten braten und auf warmer Platte anrichten. Soßenpulver mit Champignonbrühe und Wasser verrühren und mit dem Bratenfett eine Soße zubereiten.

1 Kalbslende (ca. 600 g)
1 Paar rohe Bratwürste
1 kleine Dose Champignons
1 Teelöffel Weinbrand oder Sherry
Salz, Pfeffer, Mehl, 1 Ei
1 Beutel Mandeln
2 Eßlöffel Paniermehl
1 Eßlöffel Butter oder Margarine
1 Beutel Rahmbratensoße

Kartoffelringe

Fett und Wasser aufkochen, kalte Milch, Gewürze und das Püreepulver zugeben. Verrühren und 1 Ei untermischen. Masse in einen Spritzbeutel mit Sterntülle füllen und Ringe auf ein gefettetes Backblech spritzen. Die Kartoffelringe mit Eigelb bepinseln und in der Röhre bei 180 Grad ca. 10 Miuten backen. Nach Wunsch die Kartoffelringe mit Paprika bestreuen.

1 Paket Kartoffelpüreepulver
1/2 Eßlöffel Butter oder Margarine
1/4 l Wasser, 1/4 l Milch
Salz, Muskat, 2 Eier

Gemüsebeilage

Spargel mit Brühe und Artischockenböden zusammen erhitzen, nicht kochen lassen. Tiefkühlgemüse mit Fett, etwas Artischockenbrühe, Salz und Zucker gar dünsten. Den Spargel und Kartoffelringe, Erbsen und Karotten auf den heißen Artischockenböden anrichten und dann die gefüllten Kalbslendchen damit garnieren.

1 Dose Spargel
1 kleine Dose Artischockenböden
1 Paket Erbsen und Karotten (Tiefkühlware ca. 225 g)
1 Eßlöffel Butter oder Margarine
Salz, 1 Prise Zucker

Champagner-Sorbet

Sahne mit Sahnesteif-Mittel schlagen, Vanillinzucker und Zucker unterrühren und leicht mit Sekt und Zitronensaft vermischen. Sorbet im Tiefkühlfach gefrieren lassen, dabei ein- bis zweimal umrühren. In Gläsern anrichten und mit Kirschen und Gebäck garnieren.

3/8 l süße Sahne
1 Beutel Sahnesteif
1 Päckchen Vanillinzucker
2 Eßlöffel Zucker
1 kleines Fläschchen Sekt
Saft 1/4 Zitrone
4 Kirschen
Hohlhippen oder Eiswaffeln

Ausgeprägter Weißwein

Gefüllte Eier in Kräutersahne
Kalbsrücken mit Tomaten und Chicorée
Pfirsich-Törtchen

Gefüllte Eier in Kräutersahne

4 Eier
1 Eßlöffel Butter oder Margarine
1 Teelöffel Senf
Salz, Aromat oder Fondor
1/4 l saure Sahne
1 Eßlöffel gehackte grüne Kräuter
1/4 Zitrone, Paprika

Hartgekochte Eier längs halbieren, Eigelb entfernen und mit einer Gabel fein zerdrücken. Das geschmeidige Fett, Senf, Salz und Aromat oder Fondor unterrühren. Füllung in je zwei Eihälften spritzen und die Eier auf einer Platte anrichten. Zuletzt mit einer Soße aus Sahne, Kräutern, Zitronensaft und Salz umgießen und mit Paprika bestreuen.

Kalbsrücken mit Tomaten und Chicorée

1 kg Kalbsrücken
Salz, Pfeffer, Thymian
3 Eßlöffel Öl
1 Tasse gewürfelte Zwiebel Sellerie und Karotten
1 Glas Weißwein
1/2 Dose Tomaten
4 Stangen Chicorée
1/2 Zitrone, 2 Eßlöffel Öl
1 Eßlöffel Butter oder Margarine

Kalbsrücken mit Salz, Pfeffer und Thymian würzen, in Öl ringsum anbraten und auf der Fleischseite in der Backröhre bei ca. 200 Grad ca. 75 Minuten garen. Gewürfeltes Gemüse nach 10 Minuten Bratzeit zugeben. Bratensatz zuletzt mit Weißwein und etwas Wasser loskochen und den Saft von den Tomaten aus der Dose dazugeben. Durchpassieren. Soße zum Kalbsrücken reichen. Stielknochen des Rückens mit Papiermanschetten bestecken. Für die Garnitur: Chicorée mit 1/2 Tasse Wasser, Zitronensaft, Öl und Salz zugedeckt ca. 25 Minuten dünsten. Gut abtropfen lassen. Zusammen mit den Tomaten in Fett anbraten und mit Salz und Pfeffer würzen. Als weitere Beilagen passen rohe, mit dem Buntmesser geschnittene Kartoffeln, die kurz in Wasser aufgekocht, abgegossen, im Fett gar gebraten und zuletzt mit mildem Paprika gewürzt worden sind.

Pfirsich-Törtchen

4 Kompott-Pfirsichhälften
4 Torteletts
2 Eßlöffel rote Fruchtmarmelade
etwas Kirschwasser
2 Stücke Rahmkäse
1/4 Zitrone
1 Päckchen Vanillinzucker
2 Teelöffel Zucker
1/3 Tasse Milch

Pfirsiche abtropfen lassen. Torteletts mit der mit Kirschwasser abgeschmeckten Marmelade bestreichen, darauf Pfirsiche mit der Wölbung nach unten legen. Rahmkäse, Zitronensaft, Vanillinzucker, Zucker und Milch verrühren. Diese Creme in die Pfirsiche füllen.

MENÜ

Rosé	*Lothringer Specktorte* *Gebratenes Roastbeef* *mit Pommes frites und* *Gemüseplatte* *Flambierte Pfirsiche*

Lothringer Specktorte

250 g Mehl
1/2 Teelöffel Salz
125 g Butter
1/10 l (1 dl) kaltes Wasser
250 g Emmentaler Käse
125 g Schinkenspeckscheiben
1 Eßlöffel Butter, 4 Eier
1/4 l süße Sahne
1/8 l Milch
schwarzer Pfeffer
Muskat

Mehl in eine Schüssel sieben und mit Salz und Butter zu Streuseln verarbeiten. Das Wasser zugießen und alles schnell zu einem Teig kneten. Danach etwa 1 Stunde kalt stellen. Inzwischen den Käse in dünne Scheiben schneiden und den Schinken in Butter glasig braten. Danach den Teig zu einer 1/2 cm dicken Platte ausrollen. Eine runde Springform (Durchmesser 28 cm und 2 bis 3 cm hohem Rand) damit auslegen. Teigboden mit einer Gabel mehrmals einstechen. Käse und Schinken auf den Kuchenboden legen. Eier, Sahne und Milch verquirlen, mit Pfeffer und Muskat würzen und diese Masse darübergießen. Den Kuchen in die auf 225 Grad vorgeheizte Backröhre auf die Unterschiene stellen, 30 Minuten backen. Aus der Form lösen und sofort heiß servieren.

Gebratenes Roastbeef mit Pommes frites und Gemüseplatte

Fleisch salzen und pfeffern, Zwiebeln würfeln. Backofen auf 225 Grad erhitzen, Roastbeef im heißen Fett in der Pfanne ringsum anbraten. Danach Zwiebeln zugeben und bei geschlossenem Backofen in ca. 25 Minuten gar werden lassen. Vor dem Aufschneiden das Fleisch noch 15 Minuten ruhen lassen. Den Bratensatz mit der Fleischbrühe verkochen und mit der kalt angerührten Speisestärke binden. Mit Pommes frites und Gemüseplatte servieren.

750 g Roastbeef
Salz, gemahlener schwarzer Pfeffer
2 Zwiebeln
1 Eßlöffel Kokosfett
1/4 l Fleischbrühe aus Würfel
1 gestrichener Teelöffel Speisestärke

Flambierte Pfirsiche

Pfirsiche kurz in kochendes Wasser tauchen, abziehen, halbieren und dabei entkernen. Würfelzucker an der Orangenschale reiben, bis die Stücke völlig von dem Orangenöl der Schale durchzogen sind. Die Flambierpfanne auf das brennende Rechaud setzen und erhitzen. Butter hineingeben, aufschäumen lassen. Streuzucker hinzufügen und zu goldgelbem Karamel kochen. Saft der Orangen, Würfelzucker und Pfirsiche hineingeben und kochen, bis der Saft sirupartig ist. Nun mit Orangenlikör übergießen, anzünden und mit Vanillecreme servieren.

4 reife, feste Pfirsiche
2 ungespritzte Orangen
6 Stück Würfelzucker
1 Eßlöffel Butter
1 Eßlöffel Zucker
1 Weinglas Orangenlikör

Herzhafter Weißwein

Königinpastetchen
Schweinelendchen „indische Art"
mit Curryreis
Schokoladensahne
(Foto Seite 101, oben)

Königinpastetchen

4 Pastetchen
1/2 Dose Ragout fin
Worcestersoße
4 Zitronenspalten
Petersilie

Pastetchen im Backofen erwärmen. Ragout fin erhitzen, mit Worcestersoße würzen, Pastetchen damit füllen, mit Zitronenspalten und Petersilie garnieren.

Schweinelendchen „indische Art"

8 Scheiben Schweinelendchen
1 Teelöffel Curry, Salz
2 Eßlöffel Öl
1 Tasse gewürfelte Kompottfrüchte
2 Eßlöffel gehobelte Mandeln
2 Beutel Bratensoße

Fleisch mit Curry und Salz würzen, braten. Früchte ebenfalls anbraten, mit Curry würzen, über das Fleisch geben und mit den gerösteten Mandeln bestreuen. Nach Vorschrift Bratensoße bereiten und mit Curry abschmecken.

Curryreis

2 Tassen Reis
1/2 Teelöffel Curry
2 Eßlöffel Öl
2 Tassen heißes Wasser
1 Lorbeerblatt, Salz
1 Löffelspitze Aromat oder Fondor

Reis in einen Topf geben, mit Curry und Öl vermischen. Heißes Wasser dazugeben, mit dem Lorbeerblatt, Salz, Aromat oder Fondor würzen und 18 Minuten kochen.

Rezepte Seite 102/103

Schokoladensahne

1/2 l süße Sahne
2 Teelöffel Sahnesteif
2 Päckchen Vanillinzucker
4 Eßlöffel Kaba
einige Tropfen Rum oder Kirschwasser

Sahne mit Sahnesteif schlagen (nach Vorschrift auf der Packung). Zucker, Kaba und Rum oder Kirschwasser unterrühren, kalt stellen und beliebig garniert servieren.

MENÜ

	Bunte Salate mit feinen Beilagen
	Pastetchen mit pochiertem Ei
Sekt	*Rumpsteaks mit Artischockenböden,*
Vollmundiger Rotwein	*Soße Bearnaise, gefüllten Tomaten*
	und Waffelkartoffeln
	Aprikosen-Sorbet
	(Foto Seite 101, unten)

Bunte Salate mit feinen Beilagen

Thunfischsalat

1 kleine Dose Thunfisch
1 Tomate, Kapern, Salz
Pfeffer, Essig, Öl

Thunfisch und Tomaten in Scheiben schneiden, auf Tellern anrichten. Mit Kapern bestreuen und mit Salz, Pfeffer, Essig und Öl würzen. Nach Belieben Zwiebel- und Knoblauchpulver darüber streuen.

Beilagen

8 Scheiben Salami
8 Scheiben Lachsschinken
2 Eier, 1/2 Glas Kaviar zum Garnieren
1/4 Zitrone

Teller mit dem Thunfischsalat mit Salami und Lachsschinken und den hartgekochten, ausgehöhlten, mit Kaviar gefüllten Eiern garnieren. Kaviar mit Zitronensaft beträufeln. Mit gehacktem Eigelb umstreuen.

Geflügelsalat

1 Tasse gekochtes Geflügelfleisch
1 Scheibe Ananas
1 Apfel, 1/4 Sellerieknolle
1 Teelöffel Worcestersoße
1/2 Tasse süße Sahne

Geflügelfleisch, Ananas, Apfel und gekochte Sellerie in Scheiben schneiden. Mit Salz, Pfeffer und Worcestersoße würzen und mit der geschlagenen, ungesüßten Sahne vermengen.

Gemüsesalat

Karotten und Sellerie in Scheiben schneiden und in Salzwasser weichdünsten. Das erkaltete Gemüse mit den Erbsen mischen und mit Salz, Pfeffer, etwas Zitronensaft und Öl pikant anmachen.

2 Karotten, 1/2 Sellerie
1/2 Tasse gekochte Erbsen
Saft 1/2 Zitrone

Pastetchen mit pochiertem Ei

Pastetchen kurz vor dem Servieren erwärmen. Gekochten Schinken und Tomaten in Würfel schneiden. Gehackte Zwiebel mit Speckwürfeln und Fett anschwitzen, zerdrückten Knoblauch und den Saft der Tomaten dazugeben. 5 Minuten kochen lassen und Schinken- und Tomatenwürfel hinzufügen. Die mit Mondamin verrührte Sahne unter die Soße geben, Kräuter hineingeben, mit Salz und Pfeffer abschmekken. Frische Eier nacheinander in leicht kochendes Essigwasser einschlagen und ziehen lassen, bis das Eiweiß fest geworden ist. Die Pastetchen mit dem Ragout füllen und mit den Eiern belegen.

4 Blätterteigpastetchen
150 g gekochter Schinken
1/2 Dose geschälte Tomaten
1 Zwiebel
4 Speckscheiben
1 Teelöffel Butter oder Margarine
1 Knoblauchzehe
1/3 Tasse süße Sahne
1 Teelöffel Mondamin
gehackte Kräuter
Salz, Pfeffer, 4 Eier, Essig

Rumpsteaks mit Artischockenböden

Rumpsteaks würzen und in Öl beidseitig braten. Artischockenböden in Bratenfett kurz erhitzen und auf die Steaks verteilen. Essig, Weißwein mit gehackter Schalotte und Estragon in einem Töpfchen einkochen lassen, so daß noch ca. 1 Eßlöffel Flüssigkeit übrig bleibt. Eigelb dazugeben, im Wasserbad schaumig rühren und vom Feuer nehmen. Butter portionsweise unterrühren. Falls die Soße gerinnt, mit einem Eßlöffel kaltem Wasser von der Topfrandseite aus vorsichtig wieder aufschlagen. Ausgehöhlte Tomaten mit gewürzten Champignons füllen, Butter darauf verteilen und in der Röhre 10 Minuten backen. Soße in die Artischockenböden füllen und Steaks mit den Tomaten garnieren. Die roh in dünne Scheibchen gehobelten Kartoffeln in Fett goldbraun ausbacken. Zuletzt mit Salz bestreuen und gesondert reichen.

4 Rumpsteaks à 150 g
Salz, Pfeffer, 3 Eßlöffel Öl
1 kleine Dose Artischockenböden, 2 Eßlöffel Essig
2 Eßlöffel Weißwein
1 Schalotte oder
1 kleine Zwiebel
frischer oder getrockneter Estragon
3 Eigelb, 150 g Butter
4 Tomaten
1/4 Dose Champignons
1 Teelöffel Butter
750 g Kartoffeln

Aprikosen-Sorbet

1/2 Dose Aprikosen
100 g Zucker
2 Eiweiß
1/4 l süße Sahne
eisgekühlter Sekt

Von den Aprikosen 4 Hälften zurückbehalten. Die restlichen Aprikosen mit dem Saft und 3 Eßlöffel Zucker dick einkochen und durchpassieren. Restlichen Zucker unter den Eischnee rühren und die geschlagene Sahne und das Aprikosenmark unterheben. Diese Masse in einer Eiswürfelform gefrieren lassen. Beim Anrichten mit einem Eßlöffel das Eis aus der Form stechen. In Sektgläsern anrichten und mit Aprikosenhälften garnieren. Mit Sekt aufgießen.

MENÜ

Fruchtiger Weißwein	*Bunte Salatvorspeise mit Schinken*
	Bouillon mit Einlage
Gehaltvoller Rotwein	*Gebratene Hochrippe mit gefüllten Tomaten*
	Mokka-Sahne-Creme
	(Foto Seite 105, oben)

Bunte Salatvorspeise mit Schinken

2 Karotten, 1 Prise Zucker
Salz, 1/4 Zitrone
1/2 Salatgurke
1/2 Teelöffel Senf
1 Eßlöffel Öl, Dill
1/2 Kopf Blumenkohl
2 Eßlöffel Quark
4 Eßlöffel Kondensmilch
Kräuteressig, Pfeffer
1 Prise Zucker
2 Eßlöffel gehackte Haselnüsse
4 bis 8 Scheiben roher Schinken

Karotten raffeln, mit Zucker, Salz und Zitronensaft anmachen. Gurkenscheiben mit Senf, Öl und feingeschnittenem Dill vermischen. Kurz vor dem Anrichten salzen. Feingeraspelten oder in dünne Scheiben geschnittenen rohen Blumenkohl mit Quark, Kondensmilch, Essig, Pfeffer, Zucker und Salz pikant anmachen, mit gehackten Haselnüssen bestreuen und mit den anderen Salaten anrichten. Die Salate mit Schinkenscheiben garnieren.

Rezepte Seite 107/108

Bouillon mit Einlage

1 l Fleischbrühe aus Würfeln
2 Eier
2 Eßlöffel Kondensmilch
Salz, Muskat
1 Teelöffel Butter
oder Margarine
gehackte Kräuter

Fleischbrühe bereiten und fast zum Kochen bringen. Eier mit Kondensmilch verquirlen, mit Salz und Muskat würzen und daraus in Fett einen dünnen Eierpfannkuchen braten. Diesen in gleichmäßige Würfel schneiden und mit Kräutern in die heiße Brühe geben.

Gebratene Hochrippe mit gefüllten Tomaten

1,5 bis 2 kg Hochrippe mit
Knochen
Salz, schwarzer Pfeffer
1 Zwiebel
1 Eßlöffel Tomatenmark
Salatblätter
1/2 Teelöffel milder Paprika
1 Löffelspitze Knoblauchpulver
Streuwürze, Sardellenfilets
geriebener Meerrettich
Oliven, 8 Tomaten
750 g mehlige Kartoffeln
1 Eßlöffel Butter oder
Margarine
Milch
1 Eßlöffel geriebener Käse

Von der Hochrippe alle Knochen bis auf die Rippenknochen entfernen. Fleisch zwei- bis dreimal binden, salzen, pfeffern und mit der Fettseite nach oben in eine passende Kasserolle setzen. Den Braten in der Backröhre bei 175 Grad pro 500 g Gewicht 30 Minuten garen. Braten nicht wenden und nicht begießen. Ausgelöste Knochen und gewürfelte Zwiebel anbraten. Tomatenmark zugeben, mit Wasser oder Brühe auffüllen. Alles langsam kochen lassen und die Brühe zuletzt in die Kasserolle seihen, aus der die Hochrippe herausgenommen wurde. Soße mit etwas Stärkemehl andicken. Braten anrichten. Am Tisch tranchieren. Braten mit Salatblättern umlegen. Paprikabutter, Sardellenfilets, Meerrettich und je 1 Olive daraufsetzen. Als Beilage: Abgezogene, entkernte Tomaten, mit Kartoffelpüree gefüllt, mit Käse überstreut und 15 Minuten in der Röhre überbacken.

Mokka-Sahne-Creme

1/4 l Milch
4 Blatt Gelatine
3 Teelöffel Pulverkaffee
1 Teelöffel Kakao
1 Löffelspitze Zimt
4 Eßlöffel Zucker
1/2 l süße Sahne

Milch zum Kochen bringen. Gelatine in kaltem Wasser quellen lassen, mit Pulverkaffee, Kakao, Zimt und Zucker in die vom Feuer genommene Milch geben und kaltrühren. Sahne schlagen. Bevor die Milch stockt, gut drei Viertel davon drunterheben. Creme in einer kalt ausgespülten Schale erkalten lassen, stürzen und mit der restlichen, mit Vanillinzucker gesüßten Sahne garnieren. Das Dessert mit den Mokkabohnen umlegen und feines Gebäck dazu reichen. – Nach Belieben kann die Creme auch mit Kirschwasser, Rum oder Cognac abgeschmeckt werden.

1 Päckchen Vanillinzucker
Schokoladen-Mokkabohnen

MENÜ

Leichter, fruchtiger Weißwein

Vorspeisenplatte
Lady Curzon Suppe
Felchen in Weißweinsoße
Gefüllte Kalbsnuß mit Schloßkartoffeln
Sellerie, Spinat-Förmchen und Salat
Eisbombe
(Foto Seite 105, unten)

Vorspeisenplatte

Avocados halbieren, entkernen und das Fleisch mit einem Löffel herausnehmen. In Scheiben schneiden, mit Krabben vermengen und mit Zwiebelwürfel, Zitronensaft, Salz und Öl anmachen. Salat in die Hälften füllen und mit der Gänsebrust und dem marinierten Spargelsalat anrichten. Sellerieknolle, Karotten und Apfel fein raffeln. Sellerie mit den gehackten Haselnüssen, Zitronensaft, Sahne, Salz und Zucker anmachen, Karotten und Apfel mit Zitrone, Honig und Salz würzen. Auf einem flachen Glasteller anrichten.

2 Avocados
1 kleine Dose Krabben
1/4 Zwiebel, Zitrone, Salz
Öl
100 g geräucherte Gänsebrust
1/2 Dose grüne Spargelspitzen
1/2 Sellerieknolle
3 Karotten, 1 Apfel
1 Eßlöffel Haselnüsse
1/2 Tasse Kondensmilch oder Sahne
Salz, Zucker
1 Eßlöffel Honig

Lady Curzon Suppe

Schildkrötensuppe erhitzen, aber nicht kochen. Unter die Hälfte der Sahne das Eigelb, Salz und etwas Curry mischen, die Suppe damit binden und sofort in 4 Tassen verteilen. Suppe mit der restlichen, geschlagenen Sahne bedecken, mit Curry überstäuben und in der Röhre kurz überbacken.

1 Dose Schildkrötensuppe
3/4 Tasse süße Sahne
1 Eigelb, Salz
1/3 Teelöffel Curry

Felchen in Weißweinsoße

4 Bodenseefelchen
2 Eßlöffel Butter oder Margarine
1 Zwiebel, 1 Zitrone
Salz, Pfeffer, Streuwürze
1 Glas Weißwein
1/4 l Milch
1/2 Beutel oder Päckchen helle Soße
1 Teelöffel Worcestersoße
500 g Kartoffeln
1 Eßlöffel Butter oder Margarine
2 Eigelb, Muskat

Felchen ausnehmen, Kopf abschneiden und waschen. Eine feuerfeste Platte einfetten, Zwiebelwürfel hineingeben, Felchen hineinlegen. Zitronensaft, Salz, Pfeffer, Streuwürze und Weißwein zugeben, mit Alufolie bedecken und in der Backröhre gar dünsten. Von den Fischen Haut entfernen. In Milch angerührtes Soßenpulver zur Brühe geben, mit Worcestersoße würzen. Fisch anrichten, mit Soße übergießen. Kartoffelviertel in Salzwasser gar kochen. Gut ausdämpfen lassen, durchpressen, mit Fett, 1 Eigelb, Salz und Muskat vermengen. In den Spritzbeutel füllen und Kringel aufs gefettete Backblech spritzen. Mit Eigelb bestreichen und in der Röhre ca. 20 Minuten backen.

Gefüllte Kalbsnuß

1 kg Kalbsnuß, Salz, Pfeffer
1 Paar rohe Bratwürste
50 g Leberwurst
1 kleine Zwiebel, 1 Ei
1 Beutel getrocknete Pilze
1/2 Teelöffel Paprika
Petersilie, Muskat, Salz
Pfeffer
250 g Kalbsknochen
1 Karotte, 1 Zwiebel
1/4 Sellerieknolle
1 Lorbeerblatt
2 Nelken, etwas Thymian
2 Eßlöffel Biskin
1 Eßlöffel Tomatenmark
3/8 l Wasser
2 Teelöffel Mondamin

In die Kalbsnuß eine oder zwei Taschen einschneiden und innen und außen leicht salzen. Aus den ausgedrückten Bratwürsten, Leberwurst, Zwiebelwürfeln, 1 Ei, den eingeweichten und fein gehackten Pilzen, Paprika, gehackter Petersilie, Muskat, Salz und Pfeffer eine Farce bereiten. In die Kalbsnuß füllen und die Öffnung mit Holzspießchen zustecken. Kleingehackte Knochen, gewürfelte Karotten, Zwiebel und Sellerieknolle sowie die Gewürze in eine Kasserolle geben. Fleisch darauf legen, mit Biskin bestreichen, mit Pergamentpapier bedecken. Einen Deckel auflegen und im Backrohr ca. 1 1/2 Stunden garen. Dabei zwei- bis dreimal mit Bratfett übergießen. Die fertige Kalbsnuß warm stellen. Tomatenmark und Wasser in die Kasserolle geben, einige Minuten kochen und durchpassieren. Bratensatz mit angerührtem Mondamin binden.

3 Rezepte Seite 111/112

Schloßkartoffeln

1,5 kg Kartoffeln
3 Eßlöffel Öl
1 Teelöffel Butter
gehackte Petersilie

Kartoffeln schälen, vierteln und mit dem Messer gleichmäßig zuschneiden. Einmal in Wasser aufkochen lassen, abgießen, mit Salz und Pfeffer würzen und in Öl in der Backröhre gar braten. Zuletzt mit Butter und Petersilie verfeinern.

Sellerie

1 Sellerieknolle
2 Eßlöffel geriebener Käse
1 Eßlöffel Butter

Sellerie schälen, mit einem Buntmesser in Scheiben schneiden und in wenig Salzwasser gar dünsten. Scheiben auf eine Platte legen, mit geriebenem Käse bestreuen, mit Butterflöckchen belegen und kurz überbacken.

Spinat-Förmchen

1 Paket tiefgefrosteter Spinat (375 g)
Muskat, Zwiebelpulver
Knoblauchpulver
3 Eier
2 Eßlöffel saure Sahne
etwas Edelsüß-Paprika

Spinat nach Vorschrift mit etwas Wasser dünsten und mit Gewürzen, Eiern und Salz vermischen. Die Masse in gefettete Förmchen füllen und im Wasserbad etwa 30 Minuten garen. Die gestürzten Spinatförmchen garniert man mit saurer Sahne und etwas Edelsüß-Paprika.

Salat

Salatblätter, 1 Apfel
1 Grapefruit
2 Scheiben Ananas
Haselnüsse
Holländische Soße

Salatblätter auf eine Platte legen, mit Apfel- und Grapefruit-Spalten und mit den halbierten Ananasscheiben garnieren. Mit Haselnüssen bestreuen und die Holländische Soße dazu reichen.

Eisbombe

1/2 l süße Sahne
3 Eßlöffel Zucker
1/2 Tafel Schokolade
1 Päckche Vanillinzucker
1 Likörglas Rum oder Weinbrand
1/2 Tasse gewürfeltes Orangeat, Zitronat
Belegkirschen oder kandierte Früchte

Unter die geschlagene Sahne den Zucker rühren. Die zerkleinerte Schokolade im Wasserbad auflösen und mit Vanillinzucker und Rum unter die Hälfte der Sahne geben. Eine Schüssel damit ausstreichen. Restliche Sahne mit den Früchten mischen und in die Mitte der Schüssel füllen. Masse mit einem Papier abdecken und in der Tiefkühltruhe gefrieren lassen. Die gestürzte Eisbombe nach Belieben mit Sahne und geriebener Schokolade garnieren.

MENÜ

Herzhafter, ausgeprägter Weißwein

Feine Wildkraftbrühe (1)
Pastetchen mit Ei-Krabben-Ragout (2)
Gefüllte Hähnchenbrüste (3)
und -keulen mit Gemüsen
Bananen „Copacabana"
(Foto Seite 109)

Feine Wildkraftbrühe

1 rohe Bratwurst
1 Eßlöffel gehackte Pistazien
1 Eßlöffel saure Sahne
1 Prise Cayennepfeffer
1/2 l Wildkraftbrühe (Dose)
etwas Sherry

Füllung von der Bratwurst mit gehackten Pistazien, saurer Sahne, Cayennepfeffer mischen. Klößchen abstechen, in kochendem Salzwasser 5 Minuten ziehen lassen. In die Wildkraftbrühe geben. Brühe mit Sherry würzen. Heiß servieren.

Pastetchen mit Ei-Krabben-Ragout

4 Blätterteigpastetchen
100 bis 150 g tiefgekühlte Krabben
2 Eier
1 Zwiebel oder 2 kleine schalotten
1 Eßlöffel Butter oder Margarine
1 Päckchen weiße Soße für 1/4 l
1/8 l Milch
Saft von 1/2 Zitrone
1/2 Bund feingeschnittener frischer, oder 1/2 Teelöffel getrockneter Dill

Backofen auf 50 Grad anheizen, Pastetchen hineinsetzen und aufbacken. Krabben im geschlossenen Beutel in kaltes Wasser legen und auftauen lassen. Eier 10 Minuten kochen, abschrecken, schälen und in Stücke schneiden. Zwiebel oder Schalotten schälen, fein hacken und in Butter oder Margarine gelb dünsten. 1/8 l Wasser, Soßenpulver und Milch dazugeben, umrühren und aufkochen. Krabben, Eier, Zitronensaft und Dill dazugeben und erhitzen, aber nicht mehr kochen lassen. Ragout abschmecken, in Pastetchen füllen und zusammen mit Reis und Gurkensalat reichen.

Gefüllte Hähnchenbrüste und -keulen

1 Hähnchen
Salz, Pfeffer
etwas Thymian und Majoran
2 Scheiben gekochter Schinken
4 Streifen Schweizer Käse
2 Eßlöffel Öl
1 Zwiebel
1/2 Tasse Weißwein
1 Beutel Jäger-Bratensoße für 1/4 l Flüssigkeit

Hähnchen vierteln, Knochen entfernen und die Brüste und Keulen etwas einschneiden, damit eine größere Öffnung zum Füllen entsteht. Das Fleisch würzen, mit halben Schinkenscheiben und Käsestreifen füllen, einzeln zusammenrollen und mit einem Faden binden. Geflügelteile in Öl anbraten und bei schwacher Hitze nicht ganz zugedeckt ca. 30 Minuten garen. Zuletzt die Zwiebelwürfel etwas mitbräunen lassen. Fleisch herausnehmen, Bratensatz mit Weißwein ablöschen und das nach Vorschrift angerührte Soßenpulver zugeben. Fäden von den Geflügelteilen entfernen und das Fleisch in der Soße kurz durchziehen lassen. Mit Kartoffeln und Gemüsen nach Wahl servieren.

Bananen „Copacabana"

1/2 Likörglas Rum
2 gehäufte Eßlöffel Zucker
4 Bananen
1 Eßlöffel Kakao
1/2 Tafel (50 g) Schokolade
1/2 Teelöffel Pulverkaffee
1 Paket (250 g) Vanille-Eiscreme

1/8 l Wasser, Rum und Zucker aufkochen. Geschälte Bananen in diese Zuckerlösung schneiden, 1 Minute kochen. Dann mit einem Sieblöffel herausheben und auf 4 Glasteller verteilen. Kakao, zerbröckelte Schokolade und Pulverkaffee in den Sirup geben und unter Rühren auflösen. Einen Eßlöffel in heißes Wasser tauchen und damit von der Eiscreme dicke Späne schaben, zu den Bananen geben und mit der Soße übergießen.

MENÜ

Weihnachtspunsch	*Schwedischer Weihnachtsschinken (Foto rechte Seite unten)*

Schwedischer Weihnachtsschinken

Für 8–12 Personen
ca. 3 kg gerollten, gepökelten Schinken
1 Zwiebel besteckt mit 1 Lorbeerblatt und 2 Nelken

Schinken mit der Schwartenseite nach oben in eine große ovale Bratenpfanne legen und mit kochendem Wasser bis zu 3/4 der Höhe auffüllen. Die gespickte Zwiebel, Karotten und Pfefferkörner zugeben und den

Rezepte Seite 114/115

2 halbierte Karotten
10 Pfefferkörner
1 Eiweiß, 1 Teelöffel Senf
1 Eßlöffel Zucker
3 Eßlöffel Weißbrotkrumen ohne Rinde

Schinken in der Röhre 2 bis 3 Stunden gar werden lassen. Nach ca. 1 1/2 Stunde Schinken wenden. Zur Garprobe eine Nadel ins Fleisch stechen: Läßt sich die Nadel leicht wieder herausziehen, ist der Schinken gar. Schinken in der Brühe erkalten lassen. Danach die Schwarte und bis auf 1–2 cm alles Fett entfernen. Eiweiß zu steifem Schnee schlagen, Zucker gut unterrühren und zuletzt den Senf untermischen. Fettseite des Schinkens mit dem Eischnee bestreichen und mit Weißbrotkrumen bestreuen. Etwas Fett darüberträufeln und den Schinken in der Röhre ca. 50 Minuten bei 165 Grad backen. Als Beilagen dazu Kartoffelpüree oder Petersilienkartoffeln und Rotkohl servieren. Rotkohl mit etwas Johannisbeergelee abschmecken. Außerdem können hierzu je nach Belieben gedünstete oder mitgebackene saure Äpfel gereicht werden.

Weihnachtspunsch

1 1/2 l Rotwein
2 Beutel Glühfix (Gewürze für Glühwein)
1 Tasse Zucker
2 Orangen, 2 Zitronen
10 Stück Würfelzucker
1 Tasse Rosinen
2 Weingläser Aquavit
1 Beutel blättrig geschnittene Mandeln

Rotwein mit Glühfix und Zucker in einen großen feuerfesten Topf geben und auf dem Rechaud zum Kochen bringen. Mit dem Würfelzucker die Schalen der Orangen und Zitronen abreiben, die Rosinen heiß überbrühen und mit dem Würfelzucker zum Aquavit geben. Glühfixbeutel aus dem Rotwein nehmen. Aquavit, Rosinen und die abgeriebenen Orangen- und Zitronenschalen zugeben, kurz verrühren und zuletzt die Mandeln hineinstreuen. Heiß in Gläsern servieren. Süßes oder salziges Gebäck dazu reichen.

MENÜ

Herzhafter, ausgeprägter Weißwein

Schinken-Cocktail
Fürstensuppe
Puterkeulen mit Preiselbeeren, Kartoffelpüree mit gemischtem Gemüse und Tomatensalat
Feine Fruchtsülze
Mandelgebäck
(Foto Seite 113, oben)

Schinken-Cocktail

Schinken in längliche Streifen schneiden, Tomaten abziehen, entkernen und achteln. Eier hartkochen und vierteln. Zitrone in Spalten zerlegen. Marinade aus den Gewürzen, Essig und Öl herstellen. Salatblätter in Stielgläser legen, etwas marinieren, darauf die Schinkenstreifen und Tomatenschnitze anrichten und mit der Marinade begießen. Eier- und Zitronenspalten seitlich einritzen, in die Mitte je einen Löffel Mayonnaise geben. Mit Tomatenketchup und Petersilie garnieren.

125 g gekochter Schinken
4 Tomaten, 2 Eier, 1 Zitrone
1/2 Kopf Salat
Salz, Pfeffer, Essig
2 bis 3 Eßlöffel Öl
4 Eßlöffel Mayonnaise
Tomatenketchup, Petersilie

Fürstensuppe

Fett in einer Kasserolle erhitzen. Kalbfleischwürfel darin anbraten. Feingeschnittenes Suppengrün dazugeben, Mehl darüberstäuben und bräunlich anschwitzen. Tomaten und Paprika abziehen, entkernen und würfeln, zu dem übrigen Gemüse geben und mitdünsten. Pilze – vorher einweichen – mit dem Wasser dazugeben und mit der Brühe auffüllen. Alles ca. 15 bis 20 Minuten kochen lassen, abschmecken und mit den Gewürzen und einen Schuß Madeira zur Suppe geben.

2 Eßlöffel Margarine
125 g gekochtes Kalbfleisch
1 Bund Suppengrün
3 Eßlöffel Mehl, 2 Tomaten
2 Paprikaschoten
einige getrocknete Pilze
1 l Brühe, Salz, Pfeffer
1 Messerspitze Paprika und Curry, 2 Eßlöffel Madeira

Puterkeulen mit Preiselbeeren

Puterkeulen salzen und pfeffern, im heißen Fett in der Röhre anbraten und mit eigenem Bratensatz und Wasser übergießen. Zwiebel und den Apfel in der Soße mitschmoren lassen. Bratzeit ca. 1 bis 1 1/2 Stunden. Keulen herausnehmen, den Bratensatz durchpassieren, mit der restlichen Flüssigkeit auffüllen und aufkochen. Mit etwas saurer Sahne binden. Dazu in Orangenschiffchen angerichtete Preiselbeeren geben.

4 Puterkeulen
Salz, Pfeffer
3 bis 4 Eßlöffel Fett zum Braten, 1/2 l Flüssigkeit
1 Zwiebel, 1 saurer Apfel
1/8 l saure Sahne

Kartoffelpüree mit gemischtem Gemüse

Paprikaschoten entkernen, in Würfel schneiden und in Salzwasser kurz aufkochen. Bohnen in der eigenen Brühe erhitzen, abgießen und mit Maiskörnern ver-

1 Paket Kartoffelpüree
2 rote Paprikaschoten
1 Dose Bohnen

1 Dose Maiskörner
2 bis 3 Eßlöffel Margarine
1 kleine Zwiebel
Salz, Pfeffer, Petersilie

mischt im Fett mit etwas feingeschnittener Zwiebel andünsten. Paprikawürfel hinzufügen, mitdünsten lassen und gehackte Petersilie darüberstreuen. Kartoffelpüree nach Vorschrift bereiten und zusammen mit dem Gemüse und den Puterkeulen auf einer großen Platte anrichten.

Tomatensalat

4 bis 6 Tomaten
1/2 Kopf Salat, 1 Zwiebel
Salz, Pfeffer, Essig
1 bis 2 Eßlöffel Öl
Schnittlauch, Petersilie

Tomaten in feine Scheiben schneiden, Salatblätter auf einer Platte anrichten. Tomatenscheiben darauflegen und dünngeschnittene Zwiebelringe darüber verteilen. Aus den Gewürzen, Essig und Öl eine Marinade rühren und löffelweise über den Salat gießen. Mit feingehackter Petersilie und etwas Schnittlauch überstreuen.

Feine Fruchtsülze

10 bis 12 Blatt helle Gelatine
3 Eßlöffel Zucker
1 Teelöffel Zitronensaft
1 Dose Pfirsiche
1 Dose Ananas
1 kleine Dose Mandarinen
einige Maraschinokirschen
1 Dose Birnen, 1 l Fruchtsaft
2 Blatt rote Gelatine
1/4 l süße Sahne
1 Päckchen Vanillinzucker

Weiße Gelatine in kaltem Wasser einweichen und in einigen Löffeln heißem Wasser auflösen. Mit dem Fruchtsaft aus den Dosen, der mit Zucker und Zitronensaft abgeschmeckt wurde, mischen. In eine flache Schale eine dünne Schicht Fruchtsaft gießen, steif werden lassen und darauf einige Früchte legen. Diese wieder mit Fruchtsaft übergießen und wieder steif werden lassen. Noch einmal mit Früchten belegen. Rote Gelatine auflösen, unter den restlichen Fruchtsaft geben und anschließend über die letzte Fruchtschicht verteilen. Am folgenden Tag auf eine Platte stürzen und mit gesüßter Schlagsahne garnieren.

Mandelgebäck

150 g abgezogene, geriebene Mandeln
200 g Puderzucker
20 g Mehl
50 g Butter oder Margarine
6 Eiweiß
1 Tafel Vollmilch-Schokolade

Mandeln mit Zucker und Mehl mischen. Eiweiß zu Schnee schlagen. Fett schmelzen, beides unterziehen und zu einer Mandelschaummasse verrühren. Mit einem Teelöffel 5-Mark-Stück große Häufchen aufs gefettete Blech setzen. Mit dem Löffel etwas flachstreichen. Im Rohr ca. 5 Minuten backen, bis sie am Rand goldgelb sind. Mandelplätzchen mit erwärmter, flüssiger Schokolade bestreichen und je zwei aufeinandersetzen. Auf einem Kuchengitter trocknen lassen.

2
3

Edler Weißwein	*Wachteleier mit Kressebutter (1) und Remoulade*
	Estragon-Geflügelbrühe (2)
	Gratinierte Krabben (3)
Vollmundiger Rotwein	*Garnierter Rehrücken mit gefüllten Birnen, Rosenkohl und Kartoffelkroketten*
	Karamelcreme (4)
	(Fotos Seite 117)

Wachteleier mit Kressebutter und Remoulade

32 Wachteleier, Salzwasser
125 g Kresse, 50 g Butter
Salz, Pfeffer, 2 Essiggurken
1/4 Zwiebel
1 Teelöffel Kapern
etwas Petersilie
1/2 Glas Mayonnaise

Wachteleier in kaltes Salzwasser legen, aufkochen und 2 Minuten kochen lassen. Dann den Topf sofort unter kaltes Wasser stellen und rasch abkühlen. Die Hälfte der Eier gleich schälen und mit den ungeschälten auf der Kresse anrichten. Dazu Kressebutter servieren. Dafür Butter mit Salz und Pfeffer verrühren und mit 1 Eßlöffel gehackter Kresse vermischen. Außerdem schmeckt dazu Remouladensoße: Essiggurken, geschälte Zwiebel, Kapern und Petersilie zusammen fein hacken und mit der Mayonnaise verrühren.

Tip: Fragen Sie Ihren Feinkosthändler nach Wachteleiern. Er kann sie Ihnen bestellen.

Estragon-Geflügelbrühe

3/4 l Geflügelbrühe (Würfel)
etwas Weißwein
1 Zweig Estragon oder 1 gehäufter Teelöffel getrockneter, geriebener Estragon

3/4 l Geflügelbrühe aus Würfel oder Extrakt bereiten. Frischen Estragon grob hacken und in der Brühe 5 Minuten ziehen lassen. Mit Weißwein abschmecken. Durchseihen und Estragonblätter als Einlage hineingeben. Von getrocknetem Estragon 1 gehäuften Teelöffel nehmen und in die Brühe geben.

Gratinierte Krabben

Krabben nach Vorschrift auftauen. Geputzte Champignons in dicke Scheiben schneiden. Gehackte Zwiebel oder Schalotten in Margarine 3 Minuten dünsten. Champignons zugeben, mit Pfeffer würzen und weitere 5 Minuten dünsten. Weißwein zugießen und aufkochen. Sahne mit Mehl verquirlen, unterrühren. Einmal aufkochen lassen, Krabben untermischen, nicht mehr kochen lassen. Gut würzen. Käse mit Eigelb verrühren. Eventuell 2 Eßlöffel Weißwein oder saure Sahne unterrühren. Krabben heiß in 4 Muschelschalen oder Ragout-fin-Näpfchen füllen. Mit Eigelb-Käse-Creme bestreichen. Unterm Grill gelb überbacken.

150 g gefrostete Krabben
250 g frische Champignons
1 Zwiebel oder 4 Schalotten
1 Teelöffel Margarine
gemahlener weißer Pfeffer
1/8 l Weißwein
1/8 l saure Sahne
2 gestrichene Teelöffel Mehl
Cayennepfeffer, Estragon
Saft 1/4 Zitrone
Worcestersoße, Salz
50 g geriebener Käse
2 Eigelb

Garnierter Rehrücken

Rehrücken enthäuten, mit dünnen Speckstreifen spicken. Salzen, pfeffern und in erhitztem Fett auf der Fleischseite anbraten. Danach auf die Knochenseite legen, grobgewürfelte Zwiebel und Karotte zugeben. In der Backröhre bei 225 Grad ca. 40 Minuten braten. Dabei mehrmals mit dem Bratensaft begießen. Zum Schluß der Garzeit Sahne und Fleischbrühe darübergießen. Den Rehrücken herausnehmen. Das Fleisch längs des Knochens lösen und in schräge, ca. 3 cm dicke Stücke schneiden. Soße durchpassieren und dazu reichen. Fleisch mit Birnen, gefüllt mit Johannisbeergelee, garnieren. Beilage: Pfifferlinge sowie Rosenkohl und Kartoffel-Kroketten.

ca. 1 kg Rehrücken
50 g fetter Räucherspeck
Salz, Pfeffer
2 Eßlöffel Butter oder Margarine
1 Zwiebel, 1 Karotte
1/4 l süße Sahne
1/8 l Fleischbrühe aus Brühwürfeln
1/2 Dose Birnen
Johannisbeergelee

3

Rezepte 122/123

3

1

Rezepte
Seite 124/126

2

Karamelcreme

1 Eßlöffel Butter oder Margarine
100 g Zucker
1/2 Tasse Wasser
1/2 l Milch
6 Eier
2 Päckchen Vanillinzucker und 2 gehäufte Eßlöffel Zucker

Fett zerlassen, Zucker zugeben, unter ständigem Rühren zu Karamel werden lassen. Mit Wasser ablöschen, zu dickem Sirup kochen und diesen in 4 Metallförmchen oder Kaffeetassen gießen und erstarren lassen. Die Milch aufkochen und zu den mit Vanillinzucker und Zucker verrührten Eiern geben. Diese Eiermilch in die Tassen oder Förmchen füllen und im Wasserbad, ohne zu kochen, in ca. 40 Minuten gar ziehen lassen. Beim Garen Deckel halb auflegen. Karamelcreme stürzen, den unten in den Förmchen festsitzenden Karamel mit etwas heißem Wasser lösen und als warme Soße über das gekühlte Dessert gießen.

MENÜ

	Rührei-Anchovis-Toast (1)
Spritziger Weißwein	*Gegrillte Tatar-Beefsteaks (2)*
	mit Gemüsepüree
	Orangencreme mit Bananen (3)
	(Fotos Seite 120)

Rührei-Anchovis-Toast

4 Eier, 2 Eßlöffel Weißwein
weißer Pfeffer
4 Scheiben Toast
1 Teelöffel Margarine
1 Dose Sardellenfilets
Schnittlauch
Zitronenscheiben

Eier aufschlagen und mit Weißwein und etwas gemahlenem weißen Pfeffer verquirlen. Toastscheiben rösten. Margarine zerlassen, Eier eingießen und Rühreier bereiten. Auf den Brotscheiben verteilen und mit den Sardellenfilets aus der Dose belegen. Mit Schnittlauch bestreuen und mit dünnen Zitronenscheiben anrichten.

Gegrillte Tatar-Beefsteaks

Frisches Tatar mit Salz, gemahlenem schwarzen Pfeffer, Muskat und Ei gut vermischen und 4 Steaks daraus formen. Grillpfanne einölen, erhitzen und die Beefsteaks darin auf jeder Seite etwa 4 Minuten grillen (sie sollen innen noch leicht rosa sein). Die Tatar-Beefsteaks mit einigen nicht zu dünn geschnittenen Zwiebelringen belegen. In diese Zwiebelringe geriebenen Meerrettich geben. Für das Gemüse Möhren, Sellerie und Kartoffeln waschen und schälen und in 2 bis 3 cm große Stücke schneiden. Zwiebelscheiben in Margarine hellgelb dünsten und Gemüse zugeben. Mit einer Tasse Wasser auffüllen, salzen, pfeffern und zugedeckt gar dünsten. Das Gemüse danach sehr fein pürieren und mit Muskat abschmecken. Auf einer Platte mit Tomatenachteln und Petersiliensträußchen anrichten.

400 g Rinderhack (Tatar)
Salz, gemahlener schwarzer Pfeffer
1 Ei, Muskat, 2 Eßlöffel Öl
3 Zwiebeln
1/2 Becher geriebener Meerrettich
1 Eßlöffel Margarine
500 g Möhren
400 g Sellerieknolle
250 g Kartoffeln

Orangencreme mit Bananen

Eigelb, Zucker und Vanillinzucker schaumig schlagen. Gelatine in kaltes Wasser legen. Zitronensaft und Orangensaft bis kurz vor dem Kochen erhitzen und mit der Eigelbmasse verrühren. Gelatine ausdrücken, hineinrühren und die Creme kalt stellen, bis sie zu stocken beginnt. Zwischendurch die Bananen mit einer Gabel fein zerdrücken, Sahne und eventuell 2 Eiweiß steifschlagen. Diese Zutaten und Rum oder Weinbrand unter die stockende Creme ziehen. Creme mit Orangen in Gläser verteilen. Kalt stellen. Servieren.

2 Eier
1 gehäufter Eßlöffel Zucker
1 Päckchen Vanillinzucker
2 Blatt helle Gelatine
Saft von 1/2 Zitrone
1/8 l frisch gepreßter Orangensaft
2 oder 3 reife Bananen
1/8 l frische Sahne
1 Likörglas Rum oder Weinbrand
Filets von 2 Orangen

MENÜ

Pikante Käsehappen und
Käse-Windbeutel
Gefülltes Spanferkel mit Krautsalat (2)
und buntem Kartoffelsalat
Gefüllte Eis-Äpfel (3)
(Fotos Seite 121)

Pikante Käsehappen

Zutaten für 8 Portionen
8 Scheiben gebutterten Pumpernickel, dazwischen 7 Scheiben Chester-Käse legen. In Pergamentpapier wickeln, kühl stellen, etwas beschweren. In Würfel schneiden, beliebig mit Oliven, Trauben usw. garnieren.

Käse-Windbeutel

Zutaten für 8 Portionen
1/4 l Wasser, Salz
150 g Butter oder Margarine
150 g Mehl, 4 Eier, 2 Eigelb
Butter, Edelpilzkäse
gehackte Nüsse

Aus Wasser, Salz, Fett, Mehl und Eiern einen Brandteig bereiten, auf gefettetes Blech walnußgroße Häufchen spritzen, diese mit verquirltem Eigelb bestreichen, bei 200 Grad ca. 15 Minuten backen. Die Windbeutel aufschneiden. Füllung: Edelpilzkäsecreme: 1 Teil geschmeidige Butter mit Edelpilzkäse vermischen und dick mit gerösteten Nüssen bestreuen.

Tischdekoration für Kommunion oder Konfirmatio

Mittagstisch am Ostersonntag

Gefülltes Spanferkel

Zutaten für 8 Portionen
1 Spanferkel (ca. 5 kg)
Salz, Pfeffer, 5 Schalotten
2 Likörgläser Weinbrand
150 g Räucherspeck
1 Zwiebel
2 Paar rohe Bratwürste
3 altbackene Brötchen
2 Eier, Salz Pfeffer
Thymian, Petersilie
2 Tassen Öl
1 Flasche dunkles Bier

Das geschlachtete Ferkel entborsten, ausnehmen (Leber zurückbehalten), waschen und einen Tag kühl abhängen lassen. Beim Ausnehmen darauf achten, daß nur ein Teil der Bauchunterseite aufgeschlitzt wird, damit nach dem Füllen nicht zuviel zugenäht werden muß. Fleisch innen und außen mit Salz und Pfeffer einreiben. Innen mit gehackten Schalotten und dem Weinbrand würzen. Gewürfelten Speck und gehackte Zwiebeln anschwitzen, die gewürfelte Leber zugeben. Leicht anbraten und mit der ausgedrückten Bratwurst, den eingeweichten Brötchen, Eiern, Salz, Pfeffer, Thymian und gehackter Petersilie vermischen. Diese Masse ins Spanferkel füllen, zunähen, Beine einknicken und in eine passende Bratpfanne setzen. Die Ohren und den Schwanz mit Alufolie umwickeln und das Ferkel in der Backröhre ca. 2 1/2 bis 3 Stunden braten. Von Zeit zu Zeit mit Öl bestreichen und mit Bier übergießen. Das Ferkel muß, sobald die Füllung gar ist, braun und knusprig sein. Anschließend mit einer Geflügelschere zerlegen.

Krautsalat

Zutaten für 8 Portionen
1 kleiner Kopf Weißkraut
Salz, Essig, Pfeffer
1 Zwiebel
1 Knoblauchzehe
gehackte Kräuter
100 g geräucherter Speck

Kraut fein hobeln. Mit Salz, Pfeffer und Essig würzen und mit einer mit Wasser gefüllten Schüssel 2 bis 3 Stunden beschweren. Anschließend gehackte Zwiebel, Knoblauch, Kräuter und den in Streifen geschnittenen und ausgebratenen Speck mit dem Fett unter das Kraut mischen und den Salat noch lauwarm servieren.

Bunter Kartoffelsalat

Gekochte, gepellte Kartoffeln noch warm in Scheiben schneiden. Mit Salz, Pfeffer, Essig und Öl marinieren und mit geschälten, entkernten, in Würfel geschnittenen Tomaten, Gurken und Oliven mischen. Salat anrichten, mit den Silberzwiebeln bestreuen und mit Gurkenfächern und Tomatenspalten hübsch garnieren.

Zutaten für 8 Portionen

750 g Kartoffeln
Salz, Pfeffer, Essig, Öl
2 Tomaten
2 Essiggurken
5 grüne Oliven
Zum Garnieren:
Silberzwiebeln, Tomaten
Gurken

Gefüllte Eis-Äpfel

Äpfel schälen, einen Deckel abschneiden und das Innere aushöhlen. Wasser, Weißwein, Zitronensaft und Zucker aufkochen. Äpfel darin 5 Minuten ziehen lassen und dann in dem Sirup kalt werden lassen. Danach aus dem Saft heben, gut abtropfen lassen, auf Glasteller legen und in den Kühlschrank stellen. Den Saft mit der Marmelade oder dem Gelee verrühren und nach Belieben noch mit Rum, Brombeerlikör oder Orangenlikör abschmecken. Äpfel mit Fürst-Pückler-Eiscreme füllen, mit der roten Fruchtsoße umgießen.

Zutaten für 8 Portionen

8 mittelgroße Äpfel
(z. B. Golden Delicious)
1/4 l Wasser
1/2 l Weißwein
Saft von 1 Zitrone
4 Eßlöffel Zucker
3 Eßlöffel rote Marmelade
oder rotes Gelee
2 Familienpackungen
Fürst-Pückler-Eiscreme

Süffiger Weißwein

Italienisches Kochfleisch mit grüner Soße
Crêpes „Artemis“

Italienisches Kochfleisch mit grüner Soße

Zutaten für 8 Portionen
ca. 4 l Wasser, Salz
1 frische Rinderzunge von etwa 1 kg
1 kochfertiges Suppenhuhn von etwa 1,5 kg
1 kg Rinderhochrippe
1kg gerollte Kalbsschulter
250 g Knoblauchwurst
3 Zwiebeln, 4 Möhren
Petersilienstiele
2 Lorbeerblätter
1 Selleriezweig
1 Thymianzweig
4 Knoblauchzehen
1 Teelöffel weiße Pfefferkörner
Für die Soße:
2 Zwiebeln
2 Knoblauchzehen
1 Bund Petersilie
1 Zweig Basilikum
4 Essiggurken
1 Eßlöffel Kapern
1/2 Teelöffel Thymian
1/8 l Weinessig
1/4 l Olivenöl
Salz, Pfeffer

Wasser mit Salz im großen Topf zum Kochen bringen. Rinderzunge und Suppenhuhn hineingeben und darin 1 1/2 Stunden kochen. Dann das Rindfleisch zugeben und weiterkochen. Zwiebel schälen und halbieren, Möhren putzen und Knoblauch ungeschält zerdrücken. Petersilienstiele mit Lorbeerblättern, Sellerie- und Thymianzweigen zusammenbinden. Nach 1/2 Stunde Kalbsschulter, Zwiebel, Möhren, Knoblauch, Kräuterstrauß und Pfefferkörner zugeben und noch etwa 1 Stunde weiterkochen. Fleisch herausheben, warm halten. Zunge enthäuten, Knoblauchwurst in der Brühe erhitzen und alles auf einem Brett anrichten. Die Brühe durchseihen und mit Teigwaren-Einlage servieren. Für die Soße: Zwiebeln und Knoblauch schälen, Petersilie und Basilikum waschen und alles mit Gurken, Kapern und Thymian fein hacken. Diese Masse mit Essig und Öl verrühren und mit Salz und Pfeffer abschmecken.

Hochzeitstafel

Hochzeitstafel

Crêpes „Artemis"

Zutaten für 8 Portionen
200 g Mehl
2 Päckchen Vanillezucker
2 Prisen Salz
1/2 l Milch, 6 Eier
300 g Butter, 300 g Nougat
1 Packung Vanille-Eiscreme von etwa 500 g
2 Eßlöffel Zucker
Saft von 4 Orangen
abgeriebene Orangenschale
2 Weingläser Himbeergeist oder Kirschwasser

Mehl, Vanillezucker und Salz in eine Schüssel geben. Milch, 4 Eier und 2 Eigelb dazurühren, so daß ein dünnflüssiger Pfannkuchenteig entsteht. Dann 100 g zerlassene Butter darunterschlagen. Von diesem Teig 16 dünne Pfannkuchen braten, ohne Fett in die Pfanne zu geben. Pfannkuchen auskühlen lassen. Nougat im heißen Wasserbad geschmeidig rühren. Pfannkuchen damit bestreichen und dabei einen 2 cm breiten Rand frei lassen. Eiscreme in 16 gleichmäßige Stücke schneiden und in die Mitte der Pfannkuchen geben. Am Rand mit Eiweiß bepinseln, aufrollen und etwa 10 Minuten in das Gefrierfach legen. Restliche Butter in einer flachen Pfanne zerlassen, Zucker darin schmelzen und hellgelb werden lassen. Orangensaft und -schale zugeben und die Soße unter Rühren etwas einkochen lassen. Pfannkuchenrollen hineinlegen und mit Himbeergeist oder Kirschwasser übergießen. Anzünden, abbrennen lassen und danach sofort servieren.

MENÜ

Rassiger, eleganter Rotwein

Feldsalat mit Walnüssen
Hasenschlegel „St. Hubertus" mit Haselnußkartoffeln und Gemüsen
Orangenbeignets mit Vanillesoße

Feldsalat mit Walnüssen

200 g Feldsalat, 1 Zwiebel
4 Eßlöffel Mayonnaise
Saft 1 Zitrone
gemahlener schwarzer Pfeffer, 1 Teelöffel Senf
Salz, 2 Eßlöffel gehackte Walnüsse

Feldsalat putzen und waschen. Zwiebel in Ringe schneiden, mit Feldsalat in eine Schüssel geben. Mayonnaise oder saure Sahne mit dem Zitronensaft, Pfeffer, Senf und Salz mischen. Über den Salat geben. Mit gehackten Walnüssen bestreuen.

Hasenschlegel „St. Hubertus"

Die Hasenschlegel enthäuten, salzen und pfeffern. Mit Speckscheiben umwickeln und mit Garn binden. Das Fleisch in heißem Öl ringsum anbraten. Gewürfelte Zwiebel, Lorbeerblatt und Wacholderbeeren zugeben und im Backofen bei 190 Grad 1 Stunde braten. Vor dem Ansetzen des Bratensatzes mit Rotwein ablöschen. Bratensatz zuletzt mit Sahne, mit Mehl verquirlt, aufkochen und durchpassieren. Maronenpüree erwärmen. Äpfel schälen, halbieren, entkernen und mit Zucker bestreuen, unter dem Grill weich werden lassen. Mit Maronenpüree füllen und mit Trauben garnieren. Kartoffelbällchen: Kartoffeln schälen, kochen, durchpassieren. Mit 2 Eigelb, etwas Salz und Muskat vermischen. Aus der Masse Bällchen formen, in Eiweiß wenden und in grob gehackten Haselnüssen wälzen. Kartoffeln bei 180 Grad in Fett schwimmend ausbacken. Von den Hasenschlegeln das Garn entfernen. Schlegel anrichten, mit Äpfeln und Trauben garnieren. Kartoffelbällchen und Soße getrennt reichen. Als Beilagen: Rosenkohl oder Rotkohl.

2 Hasenschlegel, Salz, Pfeffer
2 Scheiben Frühstücksspeck
2 Eßlöffel Öl, 1 Zwiebel
1 Lorbeerblatt
5 Wacholderbeeren
1/8 l Rotwein, 1/8 l süße Sahne, 1 Teelöffel Mehl
1 Dose (250 g) Maronenpüree
2 Äpfel, 1 Teelöffel Zucker
ein paar Trauben
500 g Kartoffeln, etwas Muskat, 2 Eier, 25 g grob gehackte Haselnüsse

1. Gedeck für:
Suppe
Fleischhauptgang
Kalter Nachtisch
dazu: Weißwein
und
Rotwein

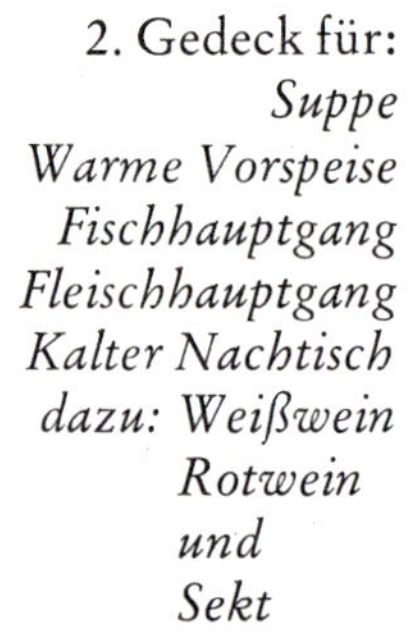

2. Gedeck für:
Suppe
Warme Vorspeise
Fischhauptgang
Fleischhauptgang
Kalter Nachtisch
dazu: Weißwein
Rotwein
und
Sekt

3. Gedeck für:
Suppe
Fleischhauptgang
Fischhauptgang
Warmer Nachtisch
dazu: Weißwein
und
Sekt

Tisch für ein Verlobungsessen

Tisch für Jubiläum oder Goldene Hochzeit

Orangenbeignets mit Vanillesoße

4 Orangen, 1 Eßlöffel Puderzucker
1 Likörglas Orangenlikör oder Rum
Für den Teig: 1/8 l Bier
1 Teelöffel Zucker, 1 Ei
1 Prise Salz
4 gehäufte Eßlöffel Mehl
Vanillesoße: 1/2 l Milch
1 Vanillestange, 2 Eigelb
2 Eßlöffel Zucker
1 Eßlöffel Speisestärke

Orangen schälen (weiße Haut entfernen) und in 1 cm dicke Scheiben schneiden. Mit Puderzucker und Orangenlikör oder Rum marinieren. Für den Teig: Bier, Zucker, Ei, Salz und Mehl verquirlen. Orangenscheiben hineintauchen und bei 180 Grad im Fett goldgelb backen. Vanillesoße: Milch mit aufgeschlitzter Vanillestange kochen. Eigelb, Zucker und Speisestärke verquirlen, mit der Milch aufkochen.

MENÜ

	Überbackene Käsetoasts
Süffiger Weißwein	*Hammelkoteletts „Provençale"*
oder	*mit grünen Bohnen und*
Rosé	*gerösteten Kartoffeln*
	Fruchtsalat mit Mandeln

Überbackene Käsetoasts

4 Scheiben Toastbrot
4 Scheiben gekochter Schinken
1 Teelöffel Senf
4 Scheiben Tilsiter Käse
Cayennepfeffer

Brot toasten, mit Schinkenscheiben belegen. Schinken mit Senf bestreichen. Käsescheiben darauflegen und unterm Grill überbacken. Zuletzt leicht mit Cayennepfeffer bestäubt sehr heiß servieren.

Hammelkoteletts „Provençale" mit grünen Bohnen und gerösteten Kartoffeln

Aus dem Hammelfleisch 4 große oder 8 kleine Koteletts schneiden und mit Salz und Pfeffer würzen. Öl erhitzen, Koteletts darin gar, aber nicht durchbraten, herausnehmen. Butter oder Margarine zum Bratenfett geben und darin feingehackte Zwiebeln gelb werden lassen. Mit zerdrücktem Knoblauch, Petersilie und Thymian vermischen. Hammelkoteletts in dieser Würzmischung kurz ziehen lassen. – Mit grünen Bohnen und gerösteten Kartoffeln servieren.

750 g Hammelkoteletts
Salz, Pfeffer, 1 Eßlöffel Öl
1 Teelöffel Butter oder Margarine, 2 Zwiebeln
2 Knoblauchzehen
1 Eßlöffel gehackte Petersilie
1 Löffelspitze Thymian

Fruchtsalat mit Mandeln

Fruchtsaft aus der Dose mit Vanillinzucker und Zucker ca. 5 Minuten kochen. In Scheiben geschnittene Bananen zugeben und kalt stellen. Kompottfrüchte mit den vorbereiteten Beeren zu den erkalteten Bananen und dem Fruchtsaft geben. Zitronensaft und Weinbrand, Orangenlikör, Kirschwasser oder Maraschino zugeben und diesen Fruchtsalat ca. 1 Stunde kalt stellen. Danach die Früchte anrichten und mit geriebenen Nüssen oder blättrig geschnittenen, in der Backröhre leicht gebräunten Mandeln, servieren. Eventuell Schlagsahne dazu reichen.

1 Dose gemischte Kompottfrüchte (Fruchtcocktail)
1 Päckchen Vanillinzucker
2 gehäufte Eßlöffel Zucker
2 Bananen, 250 g Beeren (Erdbeeren, Himbeeren, Brombeeren oder Johannisbeeren)
Saft 1 Zitrone
2 Likörgläser Weinbrand
Orangenlikör
Kirschwasser oder Maraschino
blättrig geschnittene Mandeln oder geriebene Nüsse

MENÜ

Rassiger, eleganter Weißwein

Forellen kalt mit Kräutersoße
Junges Perlhuhn nach Winzerin-Art mit Weinkraut
Ananassalat mit Vanilleeis

Forellen kalt mit Kräutersoße

4 Forellen zu je 200 g
Salz, Essig, 6 Tomaten
1/4 Dose Champignons
4 Oliven, 2 Karotten
1/2 Sellerieknolle
Pfeffer, 1 Zitrone
1 Beutel Mayonnaise
Petersilie, Dill
Schnittlauch, Worcestersoße

Die vorbereiteten Forellen kranzförmig zusammenbinden und in Wasser, mit Salz und Essig gewürzt, 10 Minuten ziehen lassen. Nach dem Erkalten Rückenhaut abziehen und den Rücken mit abgezogenen Tomatenvierteln und Champignons- und Olivenscheiben garnieren. In die 4 restlichen, abgezogenen und ausgehöhlten Tomaten einen Gemüsesalat von Karotten- und Selleriestäbchen, die in Salzwasser gegart und mit Salz, Pfeffer und Zitrone gewürzt wurden, füllen. Forellen mit den Tomaten auf einer Platte anrichten und dazu eine Kräutersoße aus Mayonnaise und gehackten Kräutern reichen, die mit Worcestersoße, Zitronensaft und Salz abgeschmeckt wird.

Junges Perlhuhn nach Winzerin-Art

Die vorbereiteten Perlhühner mit Salz, Pfeffer und zerdrückten Wacholderbeeren würzen, Brüste mit Speckscheiben belegen und mit Garn umbinden. Die Hühner in der Backröhre mit Öl in ca. 40 Minuten braten. Nach der halben Bratzeit Zwiebel- und Karottenwürfel zugeben. Perlhühner während der letzten 10 Minuten ohne Speckscheiben braten, damit die Brüste bräunen können. Speckscheiben schneiden, rösten und zu den angerichteten halbierten Perlhühner geben. Zum Bratensatz Tomatenmark rühren, bräunen lassen und mit Brühe ablöschen. Lorbeerblatt zufügen, kochen lassen und nach 10 Minuten die saure Sahne zugeben. Soße passieren und mit Pfeffer, Salz und etwas Zitronensaft abschmecken.

2 Perlhühner (ersatzweise Fasane)
Salz, Pfeffer
Wacholderbeeren
2 große dünne Scheiben frischer fetter Speck
3 Eßlöffel Öl
1 Zwiebel, 1 Karotte
1/2 Eßlöffel Tomatenmark
1 Eßlöffel Mehl
3/8 l Brühe aus Brühwürfeln
1/2 Lorbeerblatt
1/4 l saure Sahne
Zitronensaft

Weinkraut

Sauerkraut mit einer Gabel lockern. Zwiebel- und Apfelscheiben in Fett gelb anschwitzen. Sauerkraut, Wein, Wasser, Lorbeerblatt und Nelke zugeben und zugedeckt ca. 1 Stunde kochen lassen. Zuletzt die Trauben untermischen und mit Salz abschmecken.

1/2 Dose Sauerkraut
1 Eßlöffel Butter oder Margarine, 1 Zwiebel
2 Äpfel, 1/4 l Weißwein
1/4 l Wasser
1/2 Lorbeerblatt
1 Nelke, 1 Tasse helle Trauben, Salz

Ananassalat mit Vanilleeis

Von der Ananas auf der Blattseite einen Deckel abschneiden und die Ananas mit einem Löffel aushöhlen, ohne die Fruchtschale zu beschädigen. Strunk entfernen, Fruchtfleisch in Stücke schneiden, mit Cointreau und Zucker marinieren und kalt stellen. Vor dem Servieren Fruchtsalat in die hohle Ananas füllen und Vanilleeis dazu reichen. Auf Eiswürfeln servieren.

Alphabetisches Inhaltsverzeichnis

Inhaltsverzeichnis nach Gruppen

Beilagen / Salate / Soßen